EXPRESSKOCHEN SÄURE BASEN

Schnelle basische Rezepte für jeden Tag

EXPRESSKOCHEN SÄURE BASEN

Schnelle basische Rezepte für jeden Tag

Texte: Prof. Dr. Jürgen Vormann

Rezepte: Angelika Ilies

Fotos: Coco Lang

Illustrationen: Ela Strickert

DEN SÄURE-BASEN-HAUSHALT VERSTEHEN

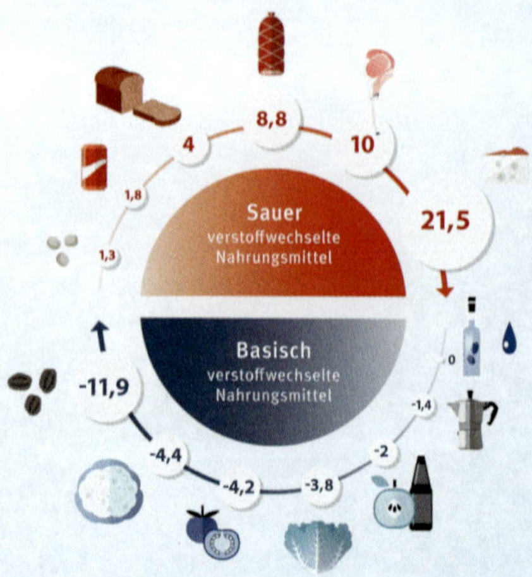

BASISCHE REZEPTE GENIESSEN

Den SÄURE-BASEN-HAUSHALT verstehen

In unserem Körper herrscht im Idealfall eine ausgewogene Balance zwischen Säure und Basen. Wird dieses Gleichgewicht gestört – zum Beispiel durch falsche Ernährung, Stress oder Extremsport –, kann unsere Gesundheit darunter leiden. Auch wenn unser Körper über zahlreiche Puffersysteme verfügt, Essen und Trinken bilden doch die Hauptgewichte in dieser Waagschale.

SÄUREN UND BASEN im menschlichen Körper

Damit unser Körper optimal funktioniert und der Stoffwechsel reibungslos läuft, sollte das Verhältnis zwischen Säure und Basen ausgeglichen sein.

Um gesund zu bleiben, muss uns die Nahrung mit ausreichend Kalorien versorgen und gleichzeitig alle notwendigen Makro- und Mikronährstoffe zuführen. Das ist heute Allgemeinwissen – jeder und jede hat von Eiweiß, Kohlenhydraten und Fett gehört und davon, wie wichtig es ist, eine ausgewogene Zufuhr der sogenannten Makronährstoffe einzuhalten. Genauso entscheidend für unser Wohlbefinden ist die Frage, ob wir regelmäßig alle nötigen Mikronährstoffe wie Vitamine, Mineralstoffe, Spurenelemente und sekundäre Pflanzenstoffe aufnehmen.

IN BALANCE BLEIBEN

Viel weniger bewusst ist uns möglicherweise die Tatsache, dass die Auswahl der Lebensmittel und Nährstoffe auch das wichtige Gleichgewicht zwischen Säuren und Basen in unserem Körper beeinflussen kann. Für den Stoffwechsel ist es von fundamentaler Bedeutung, ein Gleichgewicht im Säure-Basen-Haushalt aufrecht zu erhalten. Ändert sich die Säurekonzentration, hat das beispielsweise massive Auswirkungen auf die Aktivität von Enzymen oder die Struktur von Zellmembranen. Das gilt sowohl für Körperzellen und Organe, als auch für unser Blut, das alle Gewebe mit Nährstoffen und Sauerstoff versorgt. Zuviel Säure kann diese Nährstoffversorgung beeinträchtigen.

BEISPIEL SWIMMING-POOL

Stellen Sie sich unser Blutsystem als ein großes Schwimmbecken vor. So ein Pool fasst 10 Millionen Liter Flüssigkeit. Wenn Sie die Mengenverhältnisse in unserem Blut auf diesen Pool übertragen, ist dort

AKUT ODER LATENT?

Verschiebt sich der pH-Wert des Bluts in den sauren Bereich, spricht man von einer akuten Azidose. Eine solche Stoffwechsellage kann zum Beispiel bei schlecht eingestellten Diabetikern eintreten. Glücklicherweise sind diese akuten Probleme die Ausnahme. Wesentlich häufiger ist eine latente Azidose. Hier bleibt der pH-Wert des Bluts zwar konstant, aber die Pufferkapazität des Blutsystems hat bereits abgenommen (s. S. 18). Außerdem ist die Kapazität der Basenspeicher im Körper vermindert.

im Gleichgewicht (bei pH-Wert 7,4, s. S. 13) immer nur 1 Liter Säure enthalten. Bei einer Konzentration von mehr als 1,5 Litern Säure im Pool bekommen wir auf unser Blutsystem übertragen Gesundheitsprobleme – bei längerfristig mehr als 2 Litern Säure kann sogar der Tod eintreten. Das Problem: Mit der üblichen Ernährung bringen wir umgerechnet jeden Tag bis zu 500 000 Liter Säure in den Pool ein, bei stark saurer Nahrung fast 1,5 Millionen Liter. Wie kann das gehen, wenn der Pool gleichzeitig nur 1 Liter Säure enthalten darf?

Selbsthilfe unseres Körpers

Die Lösung sind sogenannte Puffersysteme im Körper, die freie Säure sofort abfangen und unschädlich machen. Allerdings ist die Kapazität der im Blut vorhandenen Puffer begrenzt. Auf unseren Pool umgerechnet kann mit der vorhandenen Puffermenge 1 Million Liter Säure neutralisiert werden – das gleicht nur die ernährungsbedingte Säurelast von 1–2 Tagen aus.

Offensichtlich muss es also weitere Möglichkeiten geben, die Säuren wieder loszuwerden. Genau das geschieht auch:
Im Beispiel des Pools existieren Abflüsse, durch die ca. 500 000 Liter Säure pro Tag entfernt werden. In unserem Körper wird diese Aufgabe von den Nieren wahrgenommen: Sie können relativ problemlos die den 500 000 Litern im Pool entsprechende Säuremenge über den Urin ausscheiden. Wir bleiben demnach im Gleichgewicht, wenn nur diese Menge von außen in den Pool hineinkommt.
Kritisch für den Pool (und unseren Organismus) wird es jedoch, wenn über längere Zeit täglich mehr als 500 000 Liter Säure ankommen – zum Beispiel durch sehr stark säurebildende Lebensmittel.
Um kontinuierlich ein Gleichgewicht aufrecht zu erhalten und die Säurelast aus dem Eiweißverzehr zu neutralisieren, benötigen wir die basischen Bestandteile aus Lebensmitteln. Haben wir davon genügend, ist die Zufuhr von Säure unproblematisch.

URSACHEN EINER ÜBERSÄUERUNG: gestörtes Gleichgewicht im Körper

Bis vor wenigen Jahrzehnten aßen fast alle von uns basenreich: wenig Fleisch, Fisch und Käse, dafür viel Gemüse, Salate und Kartoffeln.

Während des überwiegenden Teils der Evolutionsgeschichte wurde mit der täglichen Nahrung ein Basenüberschuss zugeführt. Die durchschnittliche gegenwärtige Ernährung weist jedoch einen Säureüberschuss auf: Einerseits verzehren wir heute einen großen Teil unserer Kalorien in Form von Kohlenhydraten aus Getreide- und Getreideprodukten – die in der voragrarischen Zeit nicht verfügbar waren –, andererseits ist der Konsum von Fleisch und Fleischprodukten ebenfalls sehr hoch. Daraus ergibt sich ein wichtiger Unterschied zwischen der Ernährung in der Steinzeit und der Gegenwart bezüglich der Zufuhr von Säuren und Basen.

STEINZEIT-STOFFWECHSEL

Aus evolutionärer Sicht ist unser Stoffwechsel noch immer an ein Leben als Jäger und Sammler angepasst. Man geht heute davon aus, dass viele der sogenannten Zivilisationskrankheiten deshalb entstehen, weil die biologischen Prozesse noch auf der Ebene unsere Vorfahren verharren und die gegenwärtigen Ernährungs-, Kultur- und Bewegungsmuster nicht den ursprünglichen Bedürfnissen entsprechen.

JÄGER UND SAMMLER

In der Steinzeit ernährte man sich vor allem von wildem Gemüse und Obst, Beeren und Nüssen – dazu kam in seltenen Fällen ein wenig Fleisch, Fisch oder Eier. Erst seit ca. 10 000 Jahren wird gezielt Landwirtschaft betrieben. Dadurch wurde der Anteil von Getreide und Getreideprodukten in unserer Nahrung größer, während diese Lebensmittel unseren Steinzeitvorfahren nicht bzw. nur in geringen Mengen zur Verfügung standen. Das Gleiche gilt für Milch und Milchprodukte.

Heute: Eiweißüberschuss im Essen

Da wir heute deutlich mehr Eiweiß aufnehmen als in der Steinzeit, kann sich dadurch eine sogenannte geringgradig latente Übersäuerung oder latente Azidose entwickeln (s. Kasten S. 9). Langfristig führt diese zu gesundheitlichen Problemen, die sich beispielsweise in geringer Belastbarkeit, Energielosigkeit und erhöhtem Risiko für eine Reihe von Erkrankungen äußern.

STRESS PRODUZIERT SÄURE

Auch Stress belastet die Säure-Basen-Bilanz, denn er verändert den Hormonhaushalt. Besonders die Stresshormone Cortisol, Adrenalin und Noradrenalin beeinflussen unser Verdauungssystem, unsere Atmung und unseren Stoffwechsel: Puls und Blutdruck steigen, der Atem geht schneller und flacher. In der Folge bilden sich mehr Fettsäuren, das körpereigene Puffersystem ist aber gleichzeitig gebremst.
Weiterhin fallen beim Abbau der Stresshormone neue Säuren an, die den Körper belasten. Und schließlich sind wir in Stresssituationen oft angespannt, weshalb Säure schwerer ausgeschieden werden kann.

DIÄTEN UND FASTENKUREN

Eine weitere Ursache für eine Säurebelastung kann Fasten bzw. jegliche Form einer unterkalorischen Ernährung (Schlankheitsdiäten) sein. Wenn wir abnehmen, wird Fett abgebaut, und als Stoffwechselendprodukt entstehen sogenannte Ketosäuren. Wie bereits der Name sagt, haben diese einen sauren Effekt auf den Säure-Basen-Haushalt. Wer mit einer Diät sein Gewicht reduzieren möchte, sollte daher auf eine ausreichende Zufuhr von Basen achten.

SPORT: PRO UND CONTRA

Starke körperliche Arbeit oder Sport können zur Bildung von Milchsäure führen. Auch hierbei ist es wichtig, die negativen Aspekte dieser Säurebildung durch ausreichende Basenzufuhr zu kompensieren. Andererseits hilft gemäßigter Sport, Gewebe und Muskeln gut zu durchbluten und alle Stoffwechselprodukte – auch Säuren – durch die Muskelpumpe abzutransportieren. Sport kann so zur Entsäuerung von Muskel und Bindegewebe beitragen. Schweißtreibender Sport hat zudem den günstigen Effekt, dass mit dem Schweiß auch Säure aus dem Körper entfernt wird.

GESTÖRTE AUSSCHEIDUNG

Neben einem Überschuss an Säuren kann auch der Abtransport bzw. die Ausscheidung der Säuren aus dem Organismus über die Nieren gestört sein. Mit zunehmendem Alter lässt die Nierenfunktion nach – ein Prozess, der durch Säurebelastung zusätzlich verstärkt wird. Als Folge erhöht sich das Risiko einer chronischen Niereninsuffizienz (s. Kasten S. 14). Auch andere Reinigungssysteme bzw. Puffer werden bei einer Übersäuerung in Mitleidenschaft gezogen.

Die gute Nachricht

Sie können mittels Ernährung direkt Einfluss auf Ihre Gesundheit nehmen können. Wer beim Essen intelligent auswählt und auf basenbildende Lebensmittel setzt (s. S. 20 f), tut sich selbst etwas Gutes.

SÄUREN UND BASEN UNTER DER LUPE – ein kleiner Ausflug in die Biochemie

Jeder Mensch kann mit dem Begriff »Säure« etwas verbinden. In wesentlich geringerem Umfang trifft das auf den Begriff »Basen« zu.

Unsere Geschmacksrezeptoren auf der Zunge können fünf verschiedene Eigenschaften unterscheiden: salzig, süß, bitter, fleischig herzhaft (»umami«) und sauer. Zusammen mit der gleichzeitig stattfindenden Geruchswahrnehmung prägen diese fünf Wahrnehmungsarten den »Geschmack« eines Lebensmittels.

SAUER KENNT JEDER

Ein gewisses Maß an Säure wird als angenehm empfunden. Sauer schmeckende Lebensmittel sind auf unserem Speiseplan häufig vertreten, auch Genussmittel schmecken manchmal sauer – wie Wein. Ein Übermaß an Säure ist aber mit unangenehmen Empfindungen verbunden – denken Sie an einen Biss in eine Zitrone. Vor zu viel Säure, die sogar Verätzungen hervorrufen könnte, warnt uns unser Geschmackssinn. Biochemisch gesehen ist eine Base als Gegenteil einer Säure zu verstehen – Säure kann Basen und mit Basen kann man Säure neutralisieren. Der Säuregrad einer Substanz oder eines Lebensmittel wird mit dem pH-Wert definiert (s. Kasten rechts).

Säure heißt nicht Säurebildner

Die Hauptursache für eine Säurebelastung im Körper ist aber nicht die Säure, die wir schmecken können. Vielmehr verzehren wir Lebensmittelbestandteile, die erst bei ihrem Abbau Säure entstehen lassen – diese nennt man Säurebildner. Insbesondere

DER PH-WERT

Die Konzentration der H^+-Ionen lässt sich messen und wird mit der pH-Skala beschrieben, die von 0–14 reicht. Eine Lösung mit pH 7 ist neutral, Werte darunter kennzeichnen eine saure Lösung, Werte darüber eine basische Lösung. Im sauren Bereich ist ein Überschuss von H^+-Ionen vorhanden, während im basischen Bereich OH^--Ionen in der Mehrzahl sind. Es sind auch im basischen Bereich noch freie H^+-Ionen vorhanden, allerdings mit zunehmendem pH-Wert in immer geringerer Menge.

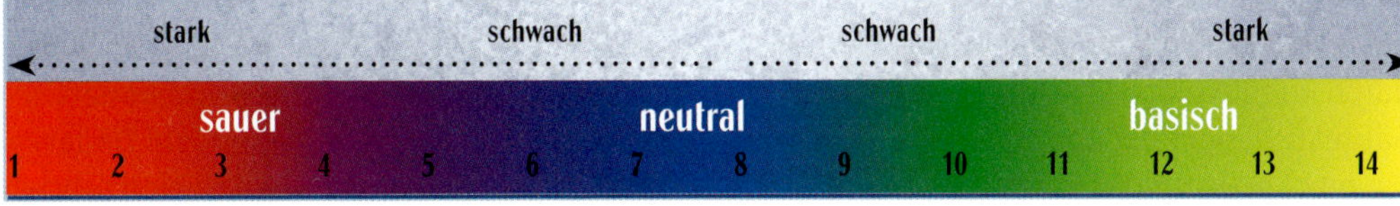

sind es die schwefelhaltigen Aminosäuren Methionin und Cystein aus den Proteinen, die für die Säurebelastung verantwortlich sind. Bei der Verstoffwechselung dieser Aminosäuren wird der enthaltene Schwefel freigesetzt, der nur in Form von (allerdings sehr verdünnter) Schwefelsäure wieder aus dem Körper entfernt werden kann.

Proteine in Pflanzen

Selbstverständlich essen wir täglich Protein (Eiweiß) – Fleisch, Wurst, Milch und Milchprodukte oder Fisch sind bekanntermaßen eiweißreich. Allerdings wird oft vergessen, dass auch in anderen Lebensmitteln Eiweiß vorkommt, wie in Getreide oder Hülsenfrüchten. Pflanzliches Protein enthält zwar weniger schwefelhaltige Aminosäuren und ist damit weniger säurebelastend, wirkt aber trotzdem nicht neutral oder basisch. Da wir Basen nicht schmecken können, müssen wir einfach lernen oder wissen, welche Lebensmittel im Körper zur Basenbildung führen. Generell kann man sagen: Praktisch alle Gemüse-, Salat- und die meisten Obstsorten führen zu einem Basenüberschuss oder sind basenbildend. Sie können zwar Säuren enthalten, die wir (wie im Fall der Zitrone) auch schmecken, aber sie liefern noch viel mehr Basen – wir erkennen diese nur nicht am Aroma.

WISSENSCHAFTLICH DEFINIERT

Schließlich ist noch eine biochemische Beschreibung möglich: Unter einer Säure versteht man demnach eine Substanz, die in der Lage ist, Wasserstoff-Ionen (H^+) abzugeben, während eine Base in der Lage ist, solche H^+-Ionen aufzunehmen. Aus dem Gehalt einer Substanz an H^+-Ionen errechnet sich der jeweilige pH-Wert (s. Kasten).

DER ÜBERSÄUERTE KÖRPER – welche Komplikationen können auftreten?

Herrscht im Körper ein Säure-Overload, schrillen die Alarmglocken. Betroffen sind meist Stoffwechselsysteme, die beim Puffern helfen, wie Nieren oder Bindegewebe.

Ein erstes Anzeichen für eine Belastung durch latente Azidose kann eine erhöhte Säureausscheidung über die Nieren sein, die nicht mehr vollständig abgepuffert wird.

NIEREN

Eine Veränderung des Nierenstoffwechsels bei zu hoher Säurebelastung führt zur vermehrten Bildung von Ammonium – der Substanz, die wir benötigen, um Säure über den Urin auszuscheiden zu können. In hoher Konzentration kann Ammonium auf Dauer jedoch die Funktion der Niere beeinträchtigen. Als Folge erhöht sich das Risiko einer – noch nicht im Allgemeinwissen angekommenen – Gesundheitsproblematik: einer chronischen Niereninsuffizienz (s. Kasten). Untersuchungen aus den USA zeigen, dass bereits jeder Achte davon betroffen ist. Auch andere Abbauprodukte werden unter Säurelast schlechter aus dem Körper entfernt. Insbesondere gilt das für Harnsäure. Eine hohe Harnsäurekonzentration erhöht das Risiko für schmerzhafte Gichtanfälle.

NIERENINSUFFIZIENZ

Von einer chronischen Niereninsuffizienz spricht man, wenn die Nieren so stark geschädigt sind, dass sie das Blut nicht mehr oder nicht mehr gründlich genug reinigen können. Die Abbauprodukte und Abfallstoffe, welche die Nieren normalerweise über den Urin ausscheiden, sammeln sich dann im Blut und schaden dem Organismus. Eine gut ausgeglichene Säure-Basen-Bilanz kann hier vorbeugen.

DIABETES

Eine weitere um sich greifende Gesundheitsproblematik kann ebenfalls mit einer überhöhten Säurebelastung in Verbindung gebracht werden: die Diabetes-Epidemie. Neue, umfangreiche Untersuchungen zeigen, dass die Wahrscheinlichkeit einen Diabetes Typ 2 (Altersdiabetes) zu entwickeln ansteigt, je höher die Säurebelastung durch die Nahrung ist. Ursache könnte eine

INFO HIER SPÜREN WIR EINE ÜBERSÄUERUNG

Wird der Säure-Basen-Haushalt längerfristig gestört, kommen die Puffersysteme mit dem Ausgleichen nicht mehr hinterher. Unser Körper entwickelt eine chronische Übersäuerung, die sich an vielen Stellen offenbaren kann.

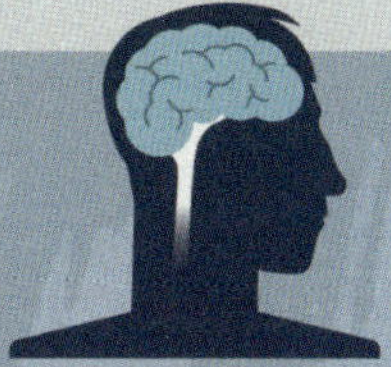

KOPF und GEHIRN

Schmerzrezeptoren reagieren sensibel auf Übersäuerung, Kopfschmerzen und Migräne werden begünstigt. Unspezifische Symptome (Müdigkeit, Antriebs- und Konzentrationsschwäche) treten auf; Demenz ist in der Diskussion.

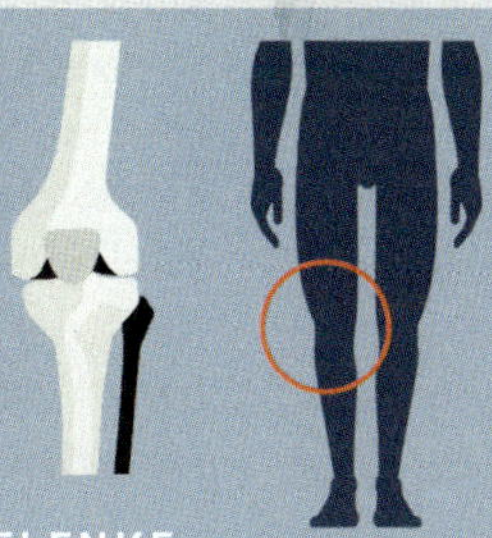

GELENKE

Schmerzen werden durch Azidose befördert; chronische Bindegewebserkrankungen wie Rheuma setzen zusätzlich Säuren frei.

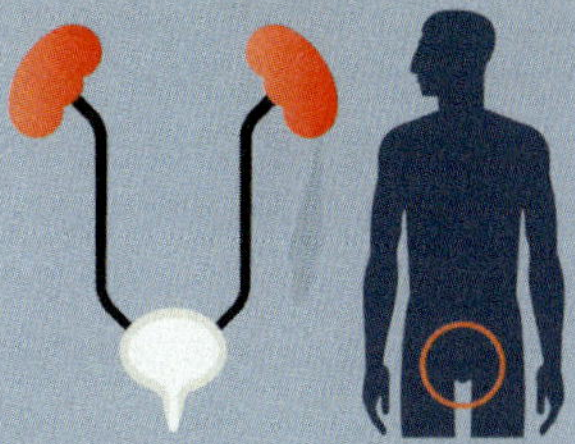

HARNSÄURE

Verringerte Ausscheidung von Harnsäure, damit erhöhter Harnsäurespiegel im Blut, der zu Gichtanfällen führen kann.

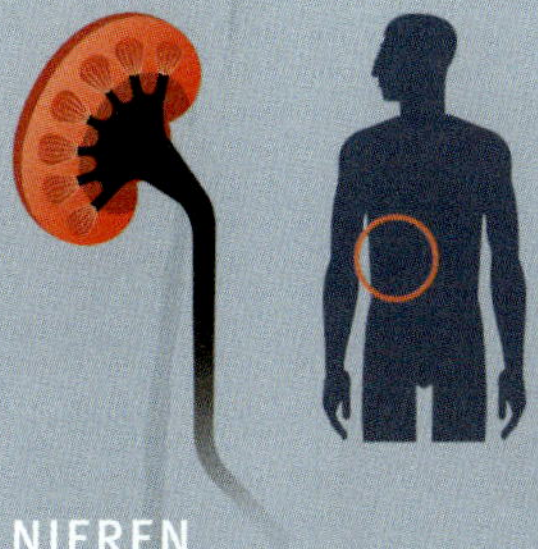

NIEREN

Erhöhtes Risiko für Nierensteine (Übersäuerung setzt Mineralstoffe wie Kalzium aus den Knochen frei).

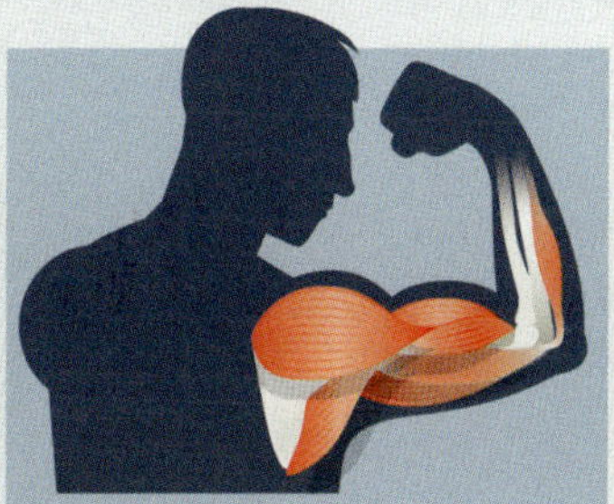

MUSKELN

Abbau von Muskelmasse/-eiweiß für Ammonium (s. S. 17), um Säureüberschuss ausgleichen zu können.

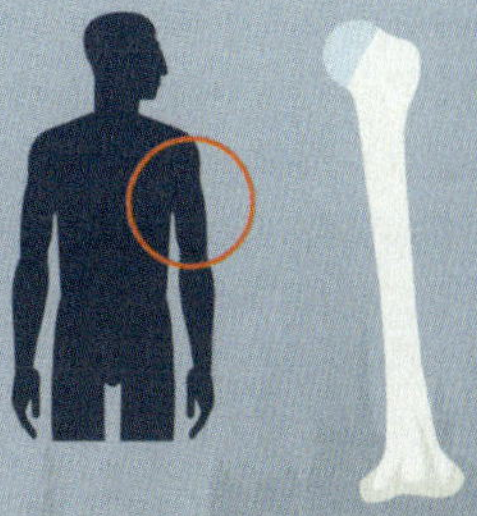

KNOCHEN

Gleichgewicht von Knochenaufbau und -abbau ist gestört, wichtige Mineralstoffe werden freigesetzt.

verminderte Wirksamkeit unseres Hauptstoffwechselhormons, des Insulins, bei höherer Säurekonzentration sein.

BINDEGEWEBE

Grundsätzlich gilt, dass eine Säurebelastung im Blut sofort kompensiert wird. Etwas anders sieht die Situation allerdings im Bindegewebe aus. Denn es gibt noch einen weiteren Mechanismus, um Säure zu entfernen, die Seitenwände unseres »Pools« (s. S. 9) sind teilweise durchlässig. Das bedeutet, ein Teil der überschüssigen Säure sickert einfach in die umliegenden Bereiche – in unserem Fall in das Bindegewebe.

Knochen

Im Bindegewebe eingebettet sind unter anderem die Knochen. Diese enthalten zwar reichlich Basen, eine dauerhaft hohe Säurebelastung geht allerdings auf Kosten unserer Knochensubstanz. Das Skelett befindet sich in einem stetigen Ab- und Aufbau. Die Zellen, die für den Abbau zuständig sind, werden schon durch einen geringen pH-Abfall stark stimuliert und setzen Kalzium aus den Knochen frei, das nachfolgend über den Urin verloren geht.
Nur bei ausreichender Basen- und Kalziumzufuhr lässt sich ein Kalziumverlust ausgleichen, bereits eine schwache Azidose kann zu einem erhöhten Knochenabbau führen. Langfristig leidet unter der Säurebelastung die Festigkeit unserer Knochen, es erhöht sich das Risiko für Osteoporose.

Knorpel, Sehnen, Bänder

Eine Übersäuerung des Organismus verringert die Wasserbindungskapazität. Diese ist für die Elastizität des Bindegewebes entscheidend. Als Folge einer Säurebelastung ist das Bindewebe dann weniger mechanisch verformbar und nicht mehr so elastisch – Knorpelgewebe, Sehnen und Bändern werden angreifbar.
Untersuchungen konnten zeigen, dass schon eine relativ geringfüge Bewegung der Wadenmuskulatur in der direkten Umgebung der Muskelfasern eine deutlich messbare Ansäuerung hervorruft. Im Ruhezustand dauert es bis zu 30 Min., bis sich der

NOCH IN DER DISKUSSION

Sogar am Krebsgeschehen kann ein Ungleichgewicht im Säure-Basen-Haushalt beteiligt sein. Tumorzellen geben bekanntlich vermehrt Säure in ihre Umgebung ab, wodurch die umgebenden »normalen« Zellen geschädigt werden. Sterben diese dann ab, hat der Tumor mehr Platz zum Wachsen.
Inzwischen wird in der Wissenschaft ebenfalls diskutiert, ob lokale Änderungen des pH-Werts auch im Gehirn auftreten können und dort Effekte haben, die möglicherweise die Hirnfunktion beeinträchtigen. Man vermutet zum Beispiel, dass sie zum Phänomen der Demenz beitragen können.

extrazelluläre pH-Wert wieder normalisiert. Vermeiden kann man den pH-Abfall durch eine hohe Basenzufuhr – wichtig für sehr sportliche Menschen (s. S. 11).

Muskulatur

Im Bindegewebe sind außerdem unsere Muskeln eingebettet, auch sie sind von einem Säure-Overload betroffen. Denn um Säure über Ammonium auszuscheiden, benötigt der Körper wiederum Stickstoff – und das nimmt er sich aus dem Abbau von Aminosäuren. Dazu wird vor allem der Proteinspeicher der Muskeln abgebaut. Ein übersäuerter Stoffwechsel stört wiederum die Erregbarkeit von Muskelzellen.
Gerade bei älteren Menschen ist eine Abnahme der Muskelmasse nicht selten. Wie Untersuchungen zeigen, lässt sich der Muskelverlust durch eine hohe Basenzufuhr und regelmäßige körperliche Betätigung lindern bzw. vermeiden.

SCHMERZEMPFINDEN

In den vergangenen Jahren fand man heraus, dass unser Schmerzempfinden in erheblichem Maß durch eine Erhöhung der Säurekonzentration ausgelöst wird.
Die dafür verantwortliche Säure muss aber nicht notwendigerweise aus der Nahrung stammen, auch in unserem Stoffwechsel entstehen laufend saure Stoffwechselprodukte. Insbesondere bei Entzündungsprozessen wie bei Rheuma kann es zu Säurebildung kommen. An Entzündungen ist meist Arachidonsäure ursächlich beteiligt, eine mehrfach ungesättigte Fettsäure, die vor allem in Fleisch enthalten ist.
Ist die Pufferkapazität im Gewebe reduziert, kann die für die Erregung der Schmerzrezeptoren notwendige Säurekonzentration schneller erreicht werden. Die Folge: Viele Schmerzprozesse wie chronische Rückenschmerzen oder Migräne werden durch hohe Säurebelastung verstärkt.

SELBSTREINIGUNG – diese Puffersysteme schützen uns

Das Risiko für gesundheitliche Probleme lässt sich durch eine hohe Basenzufuhr vermeiden. Dabei spielen die Puffersysteme unseres Körpers die Hauptrolle.

Einem Säure-Overload begegnet unser Körper entweder durch abpuffernde Basen oder durch erhöhte Säureausscheidung über die Nieren (s. S. 14). Letztendlich gibt es keine »Säureablagerungen« in unserem Organismus, sondern nur Bereiche mit verschiedenem pH-Wert, das heißt, mit unterschiedlicher Konzentration von H^+-Ionen.

PH-WERT IM BLUT

Vor allem im Blutsystem ist es extrem wichtig, dass diese Konzentration bei einem pH-Wert von 7,4 konstant bleibt. Deshalb existiert dort ein Puffersystem, das sofort einen Überschuss von H^+-Ionen neutralisiert. Dieses System sorgt – mit unterschiedlicher Kapazität – auch in anderen Köperbereichen (mit wenigen Ausnahmen, wie dem Mageninneren, s. unten) für eine ausgeglichene Säure-Basen-Bilanz.

WEITERE PUFFERSYSTEME

Eine akute Säurelast im Blut kann zwar durch vermehrtes Abatmen von Kohlendioxid (CO_2) kompensiert werden. Neben der Säure geht dabei aber auch eine entsprechende Menge Pufferkapazität verloren, eine Netto-Säureausscheidung findet somit nicht statt. Und im Bindegewebe kann überschüssige Säure zwar zwischengelagert werden, letztendlich muss ein Säureüberschuss aber über die Nieren ausgeschieden werden. Unterstützend kann dabei die Haut wirken: Beim Schwitzen verlieren wir Säure auch über die Haut. Sauna kann deshalb zur Säureausscheidung beitragen.

Ausnahme: Magensäure

Oft wird bei der Betrachtung des Säure-Basen-Haushalts das Sodbrennen als Symptom einer Übersäuerung angeführt. Mit einer allgemeinen Übersäuerung hat das jedoch nichts zu tun. Die Magensäure ist wichtig, denn sie sterilisiert unsere Nahrung, setzt Mikronährstoffe wie Vitamine und Mineralstoffe aus dem Speisebrei frei und aktiviert die Proteinverdauung. Ein unzureichender Verschluss des oberen Magenausgangs führt manchmal dazu, dass saurer Mageninhalt in die Speiseröhre aufsteigt. Diese kann die Schleimhaut der Speiseröhre reizen, wodurch es zu den Symptomen des »Sodbrennens« kommt. Leider werden Lebensmittel, die den Verschluss des oberen Magenausgangs beeinträchtigen, oft als »sauer« eingestuft (z. B. Süßspeisen). Für die Säure-Basen-Bilanz spielen sie aber keine Rolle – Zucker ist neutral.

Beachten Sie, dass die Säurelast pro 100 g Fleisch oder Fisch größer ist als die Basenkraft der meisten Gemüse- oder Obstsorten. Man muss also eine größere Portion basischer Lebensmittel essen, um diese Säurebildner zu kompensieren.

INFO SÄURE-BASEN-AUSGLEICH IM KÖRPER

Verschiedene Mechanismen helfen dem Körper, die Säure-Basen-Balance wieder herzustellen. Im Körper entstehen ständig Säuren – sei es durch die Verdauung von Nahrung oder Stoffwechselvorgänge. Puffersysteme sind in der Lage, den Säure-Basen-Haushalt immer wieder ins Gleichgewicht zu bringen.

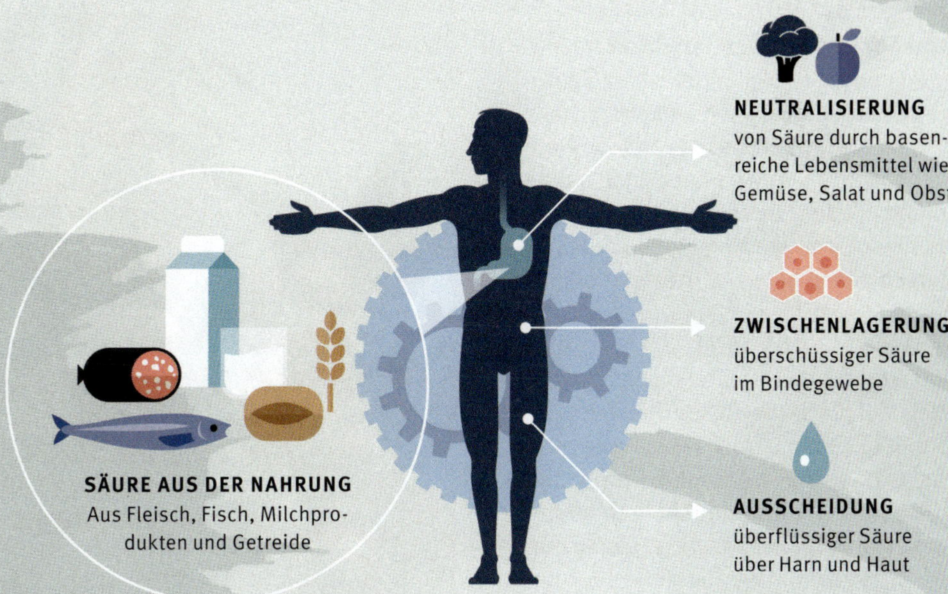

BASISCHE LEBENSMITTEL erkennen und bevorzugen

Wie kann man nun feststellen, ob ein Lebensmittel basisch oder sauer ist? Da der Geschmack manchmal in die Irre führt, helfen hier nur Messwerte.

Unser Geschmackssinn gibt leider keinen Aufschluss über Säuren und Basen, da wir nur freie Säure schmecken können (s. S. 12), aber keine neutral schmeckenden Säurebildner. Ebenso wenig können wir basische Substanzen am Aroma erkennen.

RECHENBEISPIELE

Natürlich lässt sich der Gehalt der Aminosäuren und Salze von organischen Säuren in Lebensmitteln messen und ausrechnen, wie hoch die jeweilige saure oder basische Kapazität ist. Allerdings muss man bei der Wirkung auf den Organismus beachten, dass diese Substanzen im Verdauungstrakt unterschiedlich gut verwertet werden.

Realistisch: PRAL-Wert

Für den tatsächlichen Effekt eines Lebensmittels auf die Säure-Basen-Bilanz muss deshalb die Ausnutzung der jeweiligen Substanzen – die sogenannte Bioverfügbarkeit – berücksichtigt werden. In Untersuchungen sind für Lebensmittel sogenannte PRAL-Werte erstellt worden (PRAL = Potential renal acid load; potenzielle über die Niere auszuscheidende Säurelast). Aus der Abkürzung PRAL erkennt man, dass ein Säureüberschuss unbedingt entfernt werden sollte, sobald er auftritt. Bei gut funktionierenden Nieren können wir uns mit halbwegs ausgeglichener Ernährung selbst im Gleichgewicht halten.

INFO PRAL-WERTE VON LEBENSMITTELN

Säurebildende Lebensmittel haben einen positiven, basenbildende einen negativen PRAL-Wert – und können Säurelast kompensieren. In der hinteren Umschlagsklappe finden Sie in der Tabelle noch mehr PRAL-Werte.

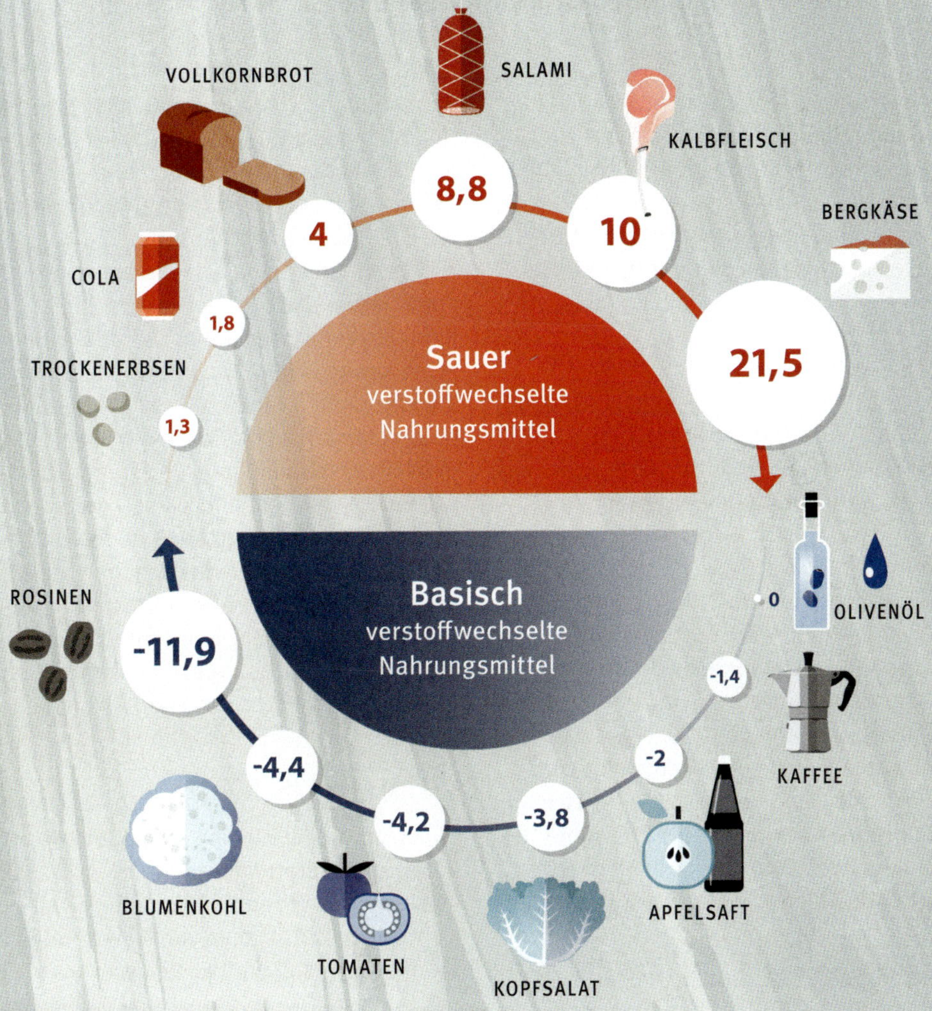

Angaben = PRAL-Wert pro 100 g

WICHTIGE GRUNDREGELN für eine basenbetonte Ernährung

Wer seinem Körper etwas Gutes tun möchte, sollte auf eine basenreiche Ernährung achten. Werden Sie zum Experten in Sachen Basen-Food!

Auch wenn im Stoffwechsel entstehende Säure sofort von Basen neutralisiert wird, so entsteht daraus doch die Notwendigkeit, diese Basen nachzuliefern. Im Idealfall sollten wir also mit unserer Nahrung so viele Basen zu uns nehmen, wie wir benötigen, um die gleichfalls gegessene Säurelast zu kompensieren.

PH-WERT-MESSUNG IM URIN

Im Urin wird Säure (H^+) überwiegend (ca. 99 %) nicht frei, sondern in gebundener Form ausgeschieden. Eine Messung des pH-Werts im Urin mithilfe von Teststreifen ist daher keine zuverlässige Methode, um Ihren Säure-Basen-Status zu bewerten – sie gibt lediglich Anhaltspunkte. So werden Sie nach einigen Tagen mit basischer Ernährung bemerken, dass sich der pH-Wert des Urins zum Basischen hin verschiebt. Günstig sind pH-Werte zwischen 6 und 7.

Basenbildend sind in erster Linie Gemüse, Salate und Pilze – sie sind ideal als Solisten oder in der Kombi mit Fleisch und Fisch, und liefern auch noch reichlich Vitamine, Mineral- und sekundäre Pflanzenstoffe. Kartoffeln gelten ebenfalls als Joker, bitte aber auf stark verarbeitete Produkte wie Chips oder Pommes verzichten. Denn Kartoffelerzeugnisse können wie Wein und Trockenfrüchte säuernden Schwefel als Zusatzstoff enthalten. Mineralstoffreiche pflanzliche Lebensmittel mit mäßigem Proteingehalt wie Gemüse, Kartoffeln und Kräuter gelten als besonders stark basenbildend. Auch Obst und Obstsäfte wirken basisch, obwohl sie teilweise freie Säuren enthalten und sauer schmecken. Kritisch, weil säurebildend, sind Fleisch, Fisch, Käse, Eier, Getreideprodukte (Brot, Nudeln, etc.) und Alkohol.

VIERMAL MEHR BASEN

Eine Grundregel für eine basenbetonte Ernährung lautet: Man sollte etwa die vierfache Menge an Gemüse oder Salat im Vergleich zur Menge von Fleisch oder Fisch essen. Üblicherweise essen wir in den

BASENPRÄPARATE

Wenn sich bereits langfristig eine Übersäuerung aufgebaut hat, kann man den Säure-Basen-Haushalt mit Basenpräparaten in Form einer 4–6-wöchigen Kur unterstützen. Achten Sie dabei darauf, dass diese Präparate Basen-Citrate enthalten. Diese sind für unseren Stoffwechsel die geeignetsten Basenbildner, denn sie entsprechen den Basen, die auch in Gemüse und Obst vorkommen. Außerdem neutralisieren sie die Magensäure kaum und können auch zum Essen eingenommen werden.

Industrieländern jedoch zu Fleisch oft noch Nudeln oder Brot. Da Getreide auch Protein enthält, sind diese Lebensmittel auf der leicht sauren Seite eingeordnet.

Protein nicht total meiden

Ein Fehler wäre es, komplett auf proteinreiche Lebensmittel zu verzichten. Protein ist für unsere Gesundheit wichtig, da die mit dem Protein zugeführten Aminosäuren viele Funktionen in unserem Körper erfüllen. Die bessere Lösung besteht darin, ausreichend basische Lebensmittel mit Eiweißträgern zu kombinieren. Da wir natürlich nicht unbeschränkt viel essen können und sollen, müssen wir bei den (leicht sauren) Beilagen (wie Brot, Nudeln, Reis etc.) kürzen.
Eine Reduzierung dieser Beilagen bedeutet automatisch eine Verminderung der Aufnahme von schnell verfügbaren Kohlenhydraten und entspricht damit dem gegenwärtigen Wissen über eine allgemein gesunde Ernährung. Ziel sollte es sein, langfristig den gesamten PRAL-Wert der täglich zugeführten Lebensmittel in etwa bei Null oder darunter zu halten. Schaffen wir das, dann entspräche die Menge an Basenbildnern der verzehrten Säurelast.

BASISCH TRINKEN

Natürlich beeinflussen auch Getränke den Säure-Basen-Haushalt. Basisch sind vor allem Gemüsesäfte, Mineralwässer mit reichlich Hydrogencarbonat (und wenig Sulfat), ungezuckerter Kakao und Fruchtsäfte. Oft wird dabei der Einfluss auf die Säurebildung im Magen mit der Wirkung auf den Säure-Basen-Status allgemein verwechselt. So ist beispielsweise Kaffee nicht sauer, sondern insgesamt sogar etwas basisch (s. S. 25). Koffeinhaltige Erfrischungsgetränke stehen wegen ihres Phosphatgehalts allerdings auf der sauren Seite und sind nicht empfehlenswert.
Nicht vergessen: Wer ausreichend trinkt, erfüllt die besten Voraussetzungen, dass die Nieren effektiv ausscheiden können.

HÄUFIGE FRAGEN
zur Säure-Basen-Ernährung

Basenbetont essen – hört sich einfach an, wirft aber auch Detailfragen auf. Hier einige Fragen, die immer wieder beim Thema Säure-Basen auftauchen.

GEHEN BASEN BEIM KOCHEN VERLOREN?

Beim Kochen in Wasser können tatsächlich Basen ins Kochwasser ausgeschwemmt werden. Nehmen Sie daher am besten wenig Kochwasser und verwenden es nach dem Garen weiter. Oder dämpfen Sie Gemüse oder Kartoffeln gleich in einem Siebeinsatz.

SIND SÜSSIGKEITEN SAUER?

Süßigkeiten sind für den Säure-Basen-Haushalt eher neutral, können aber die Magensäureproduktion anregen und zu Sodbrennen beitragen. Am besten satteln Sie auf (ungeschwefeltes) Trockenobst und Bitterschokolade um – die sind nicht nur neutral, sondern sogar basenbildend.

GIBT ES TEES, DIE BASISCH WIRKEN?

Sogenannte Basentees enthalten Extrakte von Pflanzen und Kräutern, die dabei helfen, den Säure-Basen-Haushalt auszugleichen. Meist wirken diese Tees auch aktivierend auf die Nieren, sodass zusätzlich deren Ausscheidung von Säure aus dem Körper unterstützt wird.

WIE KANN MAN SICH BEI FRUKTOSE-INTOLERANZ BASISCH ERNÄHREN?

Da Obst und auch einige Gemüsesorten als Basenlieferanten bei einer vorliegenden Fruktose-Intoleranz wegfallen, ist es in diesem Fall sinnvoll, ein Basenpräparat aus der Apotheke einzunehmen. Achten Sie dabei auf ein Produkt mit Mineralstoff-Citraten (s. Kasten S. 23).

WIE WIRKT (MALZ-) KAFFEE IM KÖRPER?

Es wird zwar oft von »Übersäuerung« durch Kaffee gesprochen, damit ist jedoch die Auswirkung von überhöhtem Kaffeegenuss auf die Magensäure gemeint. Auf den Säure-Basen-Haushalt wirken Kaffee und Co. sogar leicht basisch, da sie letztendlich wässrige Pflanzenauszüge sind. Nachdem Malzkaffee aus Getreide hergestellt ist, wirkt er jedoch leicht sauer.

WIESO WIDERSPRECHEN SICH MANCHE TABELLEN?

Die meisten (älteren) Säure-Basen-Tabellen bewerten nur die Wirkung eines Lebensmittels auf die Säurebildung im Magen. Der PRAL-Wert berücksichtigt jedoch auch den Gehalt von basisch und sauer wirkenden Bestandteilen eines Lebensmittels sowie deren Aufnahmerate im Darm.

ZEIT SPAREN in der Basenküche

Wählen Sie bei der basenbetonten Ernährung am besten Lebensmittel, die sich einfach und unkompliziert verarbeiten lassen.

Wenig Zeit und basengesundes Essen müssen sich nicht ausschließen. Mit den richtigen Zutaten und Rezepten steht auch an hektischen Tagen ruck, zuck etwas auf dem Tisch, das unser Säure-Konto entlastet.

CLEVERE VORRÄTE

Schnell was kochen ... geht nur, wenn die gewünschten Zutaten schon im Haus sind. Deshalb lohnt es sich, haltbare Basen-Basics wie Hirse, Quinoa, Kartoffeln, Möhren oder Zwiebeln im Vorrat zu halten. Praktisch sind auch Hülsenfrüchte in Gläsern oder Dosen, sie wirken jedoch sauer und sollten immer mit viel Gemüse kombiniert bzw. ausgeglichen werden.
Basenbildende Dauerwaren sind außerdem trockene Gewürze und Kräuter, Öle und Essig, Rübensirup, Kakao (ohne Zucker).
Als besonders praktisch für die Express-Basenküche erweisen sich dabei (Halb-)Fertigprodukte wie Gnocchi aus dem Kühlregal, Dosentomaten oder -gemüse.

Frisches ergänzen

Frische Gemüse, Salate, Pilze und Obst kaufen Sie am besten immer für mehrere Tage im Voraus ein – wählen Sie dabei basenreiche Sorten aus (s. Tabelle in der hinteren Umschlagsklappe). Im Kühlschrank sollten Milch und Joghurt einen festen Platz haben, ebenso wie Tofu.
Auch tiefgekühlte Produkte sind prima für den Vorrat – wie Blattspinat, Kräuter oder Erbsen. Durch das Einfrieren gehen keine Basen verloren, allerdings empfiehlt sich ein langsames Auftauen im Kühlschrank. Denn je schonender das Auftauen und die

Zubereitung, desto mehr Basen bleiben im Gemüse enthalten. Inzwischen ist nachgewiesen, dass tiefgekühltes Obst und Gemüse in punkto Frische und Geschmack Ware direkt vom Acker sogar übertreffen kann. Da die Ernte frisch vom Feld eingefroren wird, leidet der Vitamingehalt meist weniger als bei langen Transportwegen.

MEAL-PREP

Wer auch unterwegs oder im Büro basenbetont essen will, bereitet sich daheim eine gesunde Mahlzeit zu und nimmt sie mit. Besonders einfach spart man dabei Zeit, wenn man von leckeren Gerichten gleich die doppelte Portion kocht und dann die Reste für den nächsten Tag einplant.
Beim trendigen »Meal-prep« wird das gute alte Vorkochen auf die Spitze getrieben: Einfach einmal in der Woche einkaufen und gleich das Essen für 7 Tage vorbereiten.

BASENREICHE SNACKS

Nicht nur als Notfall-Snack für zwischendurch, auch zum Ausgleichen von säurebildenden Zutaten eignen sich ungeschwefelte Trockenfrüchte wie Aprikosen, Datteln, Feigen oder Rosinen sowie Esskastanien. Eine basengesunde Zwischenmahlzeit bieten natürlich auch bestimmte Obstsorten und immer Gemüse.
Weitere Ideen für den Heißhunger finden Sie in der vorderen Umschlagsklappe. Allerdings empfehlen Ärzte mittlerweile, am besten nur drei große Hauptmahlzeiten pro Tag zu essen und auf kleine Zwischenmahlzeiten – außer in medizinisch begründeten Fällen – zu verzichten.

Mit Getränken ausgleichen

Vor allem in Kombination mit Mineralwasser können Obstsäfte als wichtige Quelle für Basen dienen. Je höher dabei der Gehalt an Hydrogencarbonat im Mineralwasser ist, desto basischer ist das Getränk. Leitungswasser ist in der Regel »nur« neutral, da es weniger Mineralstoffe enthält. Mineralwasser mit einem hohen Gehalt an Hydrogencarbonat (auf das Etikett achten) hat dagegen einen stark entsäuernden Effekt.

ESSEN AUSSER HAUS

Wer viel unterwegs ist, schätzt das Essensangebot von Restaurants, Imbissen und Kantinen. Mit einfachen Maßnahmen können Sie sich auch hier basenbetont ernähren: Essen Sie sich nicht an säurereichen Getreideprodukten wie Brot oder Sättigungsbeilagen (Nudeln, Knödeln, etc.) satt.
Besser: Den Anteil an Gemüse, Salat und Obst zum Ausgleichen einfach erhöhen. Und von proteinreichen Lebensmitteln wie Fleisch, Wurst, Fisch, Käse oder Hülsenfrüchten kleinere Portionen nehmen und mit Basenreichem ausgleichen.

BASISCHE REZEPTE

genießen

Wer eine latente Azidose im Körper beheben oder einfach seinem Organismus etwas Gutes tun will, liegt mit der basenbetonten Ernährung richtig. Über 70 Rezepte mit reichlich basenbildenden Lebensmitteln – für gesunden Genuss vom Frühstück über Hauptmahlzeiten bis zu Snacks und Süßem. Dabei beträgt die reine Zubereitungszeit nie länger als 30 Minuten.

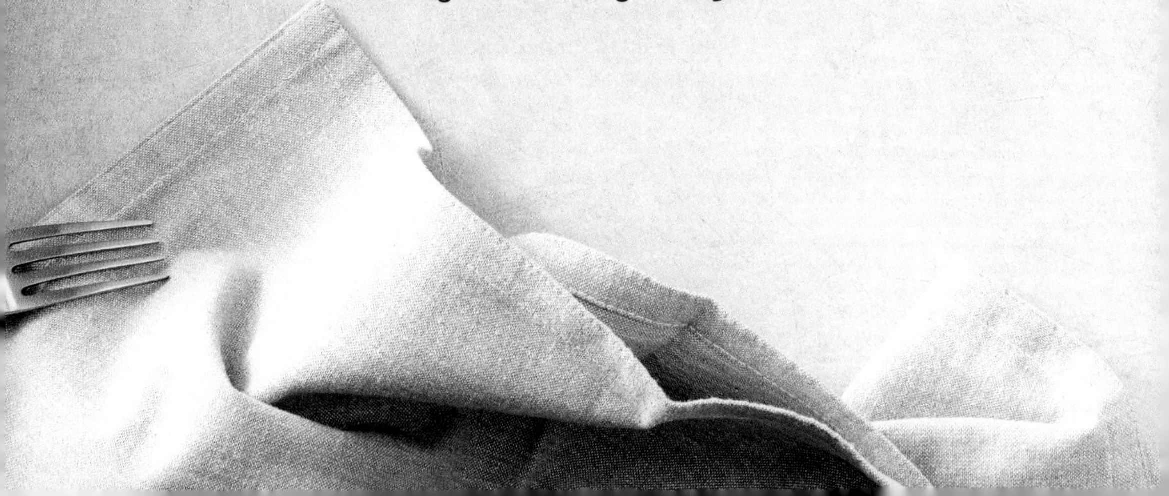

APRIKOSENAUFSTRICH

mit Süßkartoffeln und Pistazien

250 g Süßkartoffeln
1 TL Zitronensaft
Zimtpulver
1 EL Öl
1 EL Kokosblütenzucker (ersatzweise Rohrohrzucker)
40 g ungeschwefelte, weiche getrocknete Aprikosen
2 EL Pistazienkerne

Für 2 Gläschen (à ca. 130 ml)
20 Min. Zubereitung

Nährwerte pro Glas

- 275 kcal
- 4 g Eiweiß
- 11 g Fett
- 40 g Kohlenhydrate

1 Die Süßkartoffeln schälen und in kleine Würfel schneiden. Mit wenig Wasser in einen kleinen Topf geben, alles aufkochen und die Süßkartoffeln zugedeckt bei mittlerer Hitze in ca. 10 Min. weich garen.

2 Die Süßkartoffeln in ein Sieb abgießen und gut abtropfen lassen. Dann in einen hohen Rührbecher geben, Zitronensaft, 1 Prise Zimtpulver, das Öl und den Kokosblütenzucker dazugeben, alles mit dem Pürierstab zu einem fein-cremigen Aufstrich pürieren.

3 Die Aprikosen in einem Sieb heiß abbrausen, abtropfen lassen und in sehr feine Würfel schneiden. Die Pistazienkerne hacken und mit den Aprikosen unter die Süßkartoffelcreme rühren. Den Aufstrich in saubere Gläschen füllen und diese verschließen. Am besten kühl aufbewahren und innerhalb von 1 Woche verzehren.

VARIANTE:

Statt der Pistazienkerne können Sie auch gehackte Mandeln oder Haselnüsse verwenden. Diese am besten vorher in einer kleinen Pfanne ohne Fett hell rösten, herausnehmen und abkühlen lassen. So werden die Nüsse aromatischer.

Wunderbar süß und samtig kommt der fruchtige Aufstrich daher – perfekt für frische Brötchen auf dem Frühstückstisch!

REICH AN BETA-CAROTIN

MANGO-ANANAS-AUFSTRICH

kalt gerührt

1 kleine Mango
1 Scheibe Ananas
Saft von 1 kleinen rosa Grapefruit
1 Pck. Gelierzucker für kalt gerührten Fruchtaufstrich (185 g; s. Tipp)
30 g ungeschwefelte getrocknete Cranberrys

Für 2 Gläschen (à ca. 180 ml)
10 Min. Zubereitung

Nährwerte pro Glas

- 470 kcal
- 1 g Eiweiß
- 1 g Fett
- 113 g Kohlenhydrate

1 Die Mango schälen, das Fruchtfleisch erst vom Stein und dann in grobe Würfel schneiden. Die Ananasscheibe schälen und den harten Mittelstrunk entfernen, das Fruchtfleisch in kleine Würfel schneiden.

2 Mango und Ananas in einem hohen Rührbecher mischen und abwiegen, dann mit dem Grapefruitsaft auf 200 g auffüllen. Den Gelierzucker dazugeben und alles mit dem Pürierstab ca. 45 Sek. fein pürieren. Dabei soll eine gleichmäßige Creme entstehen.

3 Zuletzt die Cranberrys unter den Aufstrich mischen, dabei nach Belieben vorher etwas kleiner schneiden. Den Aufstrich in saubere Gläschen füllen und diese verschließen. Am besten im Kühlschrank aufbewahren und innerhalb von 2 Wochen verzehren.

TIPP:
Es gibt von verschiedenen Herstellern Gelierzucker für kalt gerührte Aufstriche. Beachten Sie am besten immer die Packungsanweisung – die Mengenverhältnisse von Frucht und Zucker können voneinander abweichen.

BLITZ-
SCHNELL
FERTIG

BASISCHER
ALS KONFI-
TÜRE

MARONENCREME

mit Äpfeln und Zimt

125 g Kochsahne
100 g gegarte Maronen (Esskastanien; vakuumverpackt)
½ TL gemahlene Vanille
½ TL Zimtpulver
1 TL Apfeldicksaft
20 g ungeschwefelte, weiche getrocknete Apfelringe

Für 2 Gläschen (à ca. 120 ml)
10 Min. Zubereitung

Nährwerte pro Glas

230 kcal
5 g Eiweiß
10 g Fett
30 g Kohlenhydrate

1 Die Sahne und die Maronen in einen kleinen Topf geben und langsam einmal aufkochen. Dann vom Herd nehmen, mit der Vanille und dem Zimt aromatisieren und mit dem Apfeldicksaft süßen. Alles im Topf mit dem Pürierstab zu einer glatten Creme pürieren.

2 Die getrockneten Äpfel in einem Sieb heiß abbrausen, abtropfen lassen und in möglichst kleine Würfel schneiden. Zuletzt die Äpfel unter die Maronencreme rühren. Die Creme in saubere Gläschen oder eine saubere Frischhaltebox füllen und diese verschließen. Kühl aufbewahren und innerhalb von 1 Woche verzehren.

TIPP:

Maronen wirken im Körper extrem basenbildend. Die Creme schmeckt als Brotaufstrich ebenso gut wie als würzende und süßende Zutat in Joghurt oder Quark.

BEERENMÜSLI

mit Zimtjoghurt

25 g Haselnusskerne | 50 g gemischte Getreideflocken | 400 g gemischte Beeren (z. B. Erd-, Him-, Brom-, Stachelbeeren) | 250 ml Smoothie (Fertigprodukt; Sorte nach Geschmack; ersatzweise Orangensaft) | 250 g Joghurt (1,5 % Fett) | 1 EL Ahornsirup | ½ TL Zimtpulver

Für 2 Personen | 15 Min. Zubereitung

1 Die Haselnusskerne grob hacken und mit den Getreideflocken in einer Pfanne ohne Fett rösten, bis sie angenehm duften. Nüsse und Getreideflocken herausnehmen und abkühlen lassen.

2 Die Beeren verlesen, waschen und trocken tupfen. Auf Schalen verteilen und den Smoothie darüberträufeln.

3 Den Joghurt mit Ahornsirup und Zimtpulver verrühren, über die Beeren geben. Zuletzt die Nussmischung über das Müsli streuen. (Alternativ die Nussmischung gleich zu Beeren und Smoothie geben und den Joghurt darüberträufeln.)

TIPP:

Honig, Apfeldicksaft oder Fruchtsirup sorgen für geschmackliche Abwechslung. Das Plus: Man benötigt nur kleine Mengen, um trotzdem so intensive Süße wie bei Zucker zu schmecken.

Nährwert pro Portion:

400 kcal | 13 g Fett
11 g Eiweiß | 61 g Kohlenhydrate

HONIGJOGHURT

mit gebratenen Birnen

2 reife Birnen | Saft von 1 kleinen Zitrone | 1 EL Butter | 2 Stiele Minze | 200 g griechischer Joghurt (10 % Fett) | 2 EL flüssiger Honig | Zimtpulver
Für 2 Personen | 15 Min. Zubereitung

1 Die Birnen waschen, vierteln und das Kerngehäuse entfernen. Die Viertel längs in nicht zu dünne Spalten schneiden und sofort mit dem Zitronensaft beträufeln, damit sie sich nicht bräunlich verfärben.

2 Die Butter in einer Pfanne zerlassen und die Birnen darin auf jeder Seite kurz braten. Herausnehmen und beiseitestellen. Die Minze waschen und trocken tupfen, die Blätter abzupfen, einige zum Garnieren beiseitelegen, den Rest fein hacken.

3 Den Joghurt mit Minze, 1 EL Honig und 1 Prise Zimt glatt rühren, auf Schalen verteilen. Die Birnen darauflegen. Den übrigen Honig darüberträufeln und mit der beiseitegelegten Minze garniert servieren.

TIPP:

Joghurt enthält wesentlich weniger Eiweiß als Quark und ist praktisch neutral. Bei Quark handelt es sich um konzentriertes Milcheiweiß – damit gehört Quark zu den säurebildenden Lebensmitteln und muss immer ausgeglichen werden.

Nährwert pro Portion:

285 kcal	16 g Fett
4 g Eiweiß	32 g Kohlenhydrate

OBSTSALAT

mit gerösteten Haferflocken

1 kleine Banane
Saft von ½ Zitrone
100 g bunte kernlose Weintrauben
1 große Orange
2 Scheiben Ananas
1 EL Butter
50 g kernige Haferflocken
1 EL flüssiger Honig
150 g Joghurt (1,5 % Fett)
gemahlene Vanille

Für 2 Personen
15 Min. Zubereitung

Nährwert pro Portion:

- 345 kcal
- 8 g Eiweiß
- 9 g Fett
- 53 g Kohlenhydrate

1 Die Banane schälen und in Scheiben schneiden. Sofort mit Zitronensaft beträufeln, damit sich die Scheiben nicht bräunlich verfärben. Die Trauben waschen, von den Stielen zupfen und halbieren. Die Orange so großzügig schälen, dass auch die weiße Haut mit entfernt wird. Die Filets zwischen den einzelnen Trennhäuten herausschneiden (alternativ die Orange schälen und klein schneiden).

2 Die Ananasscheiben schälen und den harten Mittelstrunk entfernen, das Fruchtfleisch klein schneiden. Alle Früchte in einer Schüssel mischen und beiseitestellen.

3 Die Butter in einer Pfanne zerlassen und die Haferflocken darin hell rösten. Den Honig dazugeben und die Flocken unter Rühren leicht karamellisieren, dann herausnehmen und etwas abkühlen lassen.

4 Den Joghurt glatt rühren, mit 1 Prise Vanille aromatisieren und mit dem Obstsalat auf Schalen verteilen. Zuletzt die karamellisierten Flocken darüberstreuen.

GESUND IN DEN TAG STARTEN

FEIGEN-JOGHURT-CREME

mit Mandeln

80 g ungeschwefelte, weiche getrocknete Feigen | 250 g griechischer Joghurt (10 % Fett i.Tr.) | 1 EL Apfeldicksaft (s. Tipp) | 2 EL Zitronensaft | 30 g Mandelblättchen
Für 2 Personen | 10 Min. Zubereitung

1 Die Stielansätze der Feigen entfernen, die Feigen halbieren und in einen hohen Rührbecher geben. Den Joghurt, den Apfeldicksaft und den Zitronensaft dazugeben und alles mit dem Pürierstab fein pürieren.

2 Die Mandeln in einer kleinen Pfanne ohne Fett hell rösten, herausnehmen und etwas abkühlen lassen. Die Feigencreme auf Schalen verteilen und mit den Mandelblättchen bestreuen.

TIPP:

Apfeldicksaft entsteht durch starkes Einkochen von Apfelsaft und ist wie dieser basisch. Er ist eine leckere einheimische und zudem aromatische Alternative zum gewohnten Zucker. Sie können Apfeldicksaft im Reformhaus oder Bio-Laden kaufen.

Nährwert pro Portion:

255 kcal | 20 g Fett
9 g Eiweiß | 33 g Kohlenhydrate

FRÜHSTÜCKS-SHAKE

mit Bananen und Beeren

1 Banane | 2 EL Zitronensaft | 150 g gemischte Beeren (frisch oder TK) | 15 g Instant-Haferflocken (s. Tipp) | 150 g Joghurt (1,5 % Fett) | 150 ml Milch (1,5 % Fett) | 1 EL Apfeldicksaft | gemahlene Vanille oder Zimtpulver (nach Belieben)

Für 2 Personen | 10 Min. Zubereitung

1 Die Banane schälen und in grobe Stücke schneiden, sofort mit dem Zitronensaft beträufeln, damit sie sich nicht bräunlich verfärben. Die Beeren verlesen, waschen und trocken tupfen (TK-Ware zugedeckt in der Mikrowelle auftauen lassen).

2 Die Banane mit den Beeren, den Haferflocken, dem Joghurt, der Milch und dem Apfeldicksaft in einem hohen Rührbecher mit dem Pürierstab fein pürieren (alternativ im Mixer arbeiten). Den Shake in hohe Gläser füllen, nach Belieben mit Vanille oder Zimtpulver bestäuben und servieren.

TIPP:

Dank der Instant-Haferflocken wird der Shake schön cremig und auf leichte Art sättigend. Auch wenn Getreide und Flocken als säurebildend gelten, sind sie hier durch das viele Obst gut abgepuffert.

Nährwert pro Portion:

195 kcal	3 g Fett
7 g Eiweiß	33 g Kohlenhydrate

BUCHWEIZEN-PANCAKES

mit Himbeeren

60 g Buchweizenmehl
40 g Mehl
1 TL Backpulver
1 EL Kokosblütenzucker
1 Ei (M)
100 ml Milch (1,5 % Fett)
150 g Himbeeren (frisch oder TK)
150 g Joghurt (1,5 % Fett)
½ TL Zimtpulver
1 TL flüssiger Honig
1 EL Rapsöl

Für 2 Personen
20 Min. Zubereitung

Nährwert pro Portion:

380 kcal
14 g Eiweiß
11 g Fett
54 g Kohlenhydrate

1 Das Buchweizenmehl mit dem Weizenmehl, dem Backpulver, dem Zucker, dem Ei und der Milch in einer Schüssel mit einem Schneebesen glatt rühren, zugedeckt einige Minuten quellen lassen.

2 Inzwischen die Beeren verlesen, waschen und trocken tupfen (TK-Ware zugedeckt in der Mikrowelle auftauen lassen). Den Joghurt mit Zimt und Honig verrühren.

3 Den Teig nochmals gut durchrühren. Etwas Öl in einer beschichteten Pfanne verteilen und erhitzen. Für jeden Pancake knapp 2 EL Teig in die Pfanne geben. Bei mittlerer Hitze backen und erst wenden, wenn die Unterseite goldbraun ist. Dann herausnehmen und warm halten. Auf diese Weise nach und nach 6 Pancakes backen, dabei zwischendurch bei Bedarf noch etwas Öl in die Pfanne geben.

4 Die Pancakes mit den Beeren und dem Joghurt servieren.

TIPP:

Natürlich können Sie anstelle der Himbeeren auch jede andere Fruchtsorte als Topping für die Pancakes verwenden – Angebot und Geschmack entscheiden. Gut passen beispielsweise auch Heidelbeeren.

Hier kommt das Lieblingsfrühstück der Amerikaner in leichter Abwandlung: Ein Teil des Weizenmehls wird durch basisches Buchweizenmehl ersetzt.

FÜRS SONNTAGS-FRÜHSTÜCK

KRÄUTERCREME

mit Tofu

200 g Seidentofu | 1 EL Instant-Haferflocken | 1/4 Bund Schnittlauch | 1/4 Bund Petersilie | 2 Stiele Basilikum | 10 g gehackte Haselnusskerne | geräuchertes Salz | Pfeffer
Für 2 Personen | 10 Min. Zubereitung

1 Den Seidentofu in einem Sieb abtropfen lassen. Dann mit den Haferflocken in einem hohen Rührbecher mit dem Pürierstab fein pürieren, ca. 5 Min. quellen lassen.

2 Inzwischen die Kräuter waschen und trocken tupfen. Den Schnittlauch in feine Röllchen schneiden. Von Petersilie und Basilikum die Blätter abzupfen und fein hacken. Die Haselnusskerne in einer kleinen Pfanne ohne Fett rösten, herausnehmen und etwas abkühlen lassen.

3 Die Kräuter sowie die Haselnüsse unter die Tofucreme rühren, alles mit Rauchsalz und Pfeffer abschmecken und sofort servieren. Die Creme lässt sich zugedeckt im Kühlschrank 2 Tage aufbewahren.

TIPP:

Tofu wird aus Sojamilch hergestellt und wirkt im Körper trotz seines hohen Eiweißgehalts für den Säure-Basen-Haushalt insgesamt neutral.

Nährwert pro Portion:

95 kcal	6 g Fett
6 g Eiweiß	4 g Kohlenhydrate

FITNESSBROTE

mit Gemüse

125 g Möhren | 1 Apfel | 1 EL Zitronensaft | Salz | Pfeffer | Currypulver | 25 g ungeschwefelte Rosinen | 2 Scheiben Roggenmischbrot (á ca. 50 g) | 1 EL weiche Butter | 60 g Salatgurke | Schnittlauchröllchen oder gehackte Petersilie (frisch oder TK) zum Garnieren
Für 2 Personen | 15 Min. Zubereitung

1 Die Möhren schälen und auf der Gemüsereibe grob raspeln. Den Apfel waschen und bis auf das Kerngehäuse ebenfalls grob raspeln. Sofort mit dem Zitronensaft beträufeln, damit er sich nicht bräunlich verfärbt. Dann mit den Möhren mischen.

2 Die Möhren- und Apfelraspel mit Salz, Pfeffer, 2 Prisen Currypulver und Rosinen mischen und abschmecken.

3 Die Brotscheiben mit der Butter bestreichen. Die Gurke nach Belieben schälen oder waschen, in dünne Scheiben schneiden und überlappend auf die Brote legen. Die Möhren-Apfel-Mischung darauf verteilen und alles mit Schnittlauchröllchen oder Petersilie bestreuen.

TIPP:

Leider wird oft vergessen, dass Brot auch zu den Säurelieferanten zählt. Wegen des höheren Eiweißgehalts ist Vollkornbrot sogar noch stärker säurebildend als Weißbrot.

Nährwert pro Portion:

245 kcal	7 g Fett
5 g Eiweiß	39 g Kohlenhydrate

AVOCADO MIT EI

aus dem Ofen

1 große reife Avocado
1 EL Zitronensaft
Salz | Pfeffer
2 Eier (S)
1 kleine feste Tomate
50 g zarte Salatblätter (z. B. Baby-Blattspinat, Rote-Bete-Blätter, Sauerampfer)
2 TL Walnussöl (ersatzweise Olivenöl)

Für 2 Personen
10 Min. Zubereitung
20 Min. Garen

Nährwert pro Portion:

- 315 kcal
- 8 g Eiweiß
- 30 g Fett
- 2 g Kohlenhydrate

1 Den Backofen auf 200° vorheizen. Die Avocado halbieren und den Kern entfernen. Von jeder Hälfte auf der runden Seite eine dünne Scheibe abschneiden, damit die Hälften nicht kippen. Die Hälften in eine kleine Auflaufform setzen.

2 Das Avocadofruchtfleisch mit Zitronensaft beträufeln, damit es sich nicht bräunlich verfärbt, und mit Salz und Pfeffer würzen. Nacheinander jeweils 1 Ei in eine Tasse aufschlagen und in eine Avocadohälfte gleiten lassen.

3 Die Tomate waschen und in kleine Würfel schneiden, dabei den Stielansatz und die Kerne entfernen. Die Tomatenwürfel über die Eier streuen und die Avocados im Ofen (Mitte) ca. 20 Min. garen, bis das Eiweiß gestockt ist.

4 Inzwischen die Salatblätter waschen, trocken schleudern und auf Teller verteilen. Die Avocadohälften aus dem Ofen nehmen, auf den Salat setzen und mit dem Öl beträufeln.

TIPP:

Bei Bedarf die Mulden in den Avocadohälften mit einem Löffel etwas größer aushöhlen, damit das Ei nicht überläuft.

WARMES
AM MORGEN
TUT GUT

NUDELSALAT MIT CHAMPIGNONS

und Kresse

100 g kurze Makkaroni (oder andere kurze Nudeln)
Salz
100 g Zuckerschoten
125 g kleine feste Champignons
3 EL Sonnenblumenöl
2 EL Weißweinessig
Pfeffer
1 TL flüssiger Honig
1 Kästchen Gartenkresse

Für 2 Personen
15 Min. Zubereitung

Nährwert pro Portion:

- 355 kcal
- 8 g Eiweiß
- 16 g Fett
- 43 g Kohlenhydrate

1 Die Makkaroni nach Packungsanweisung in Salzwasser bissfest garen. Inzwischen die Zuckerschoten putzen, waschen und schräg halbieren oder dritteln. Die Zuckerschoten in den letzten 2 Min. zu den Nudeln geben und noch mitgaren. Nudeln und Zuckerschoten in ein Sieb abgießen und gut abtropfen lassen, dann in eine breite Schüssel geben. (So kühlen sie schneller ab.)

2 Währenddessen die Pilze putzen und bei Bedarf mit einem Tuch abreiben, größere Exemplare nach Belieben halbieren. 1 EL Öl in einer Pfanne erhitzen und die Pilze darin rundum ca. 2 Min. scharf anbraten. Herausnehmen und zu den Nudeln und Zuckerschoten geben.

3 Für die Vinaigrette den Essig mit Salz, Pfeffer und dem Honig verquirlen, dann das restliche Öl mit einem Schneebesen gründlich unterschlagen. Die Vinaigrette über die Zutaten träufeln.

4 Die Kresse vom Beet schneiden, waschen und trocken tupfen. Dann zu den anderen Zutaten geben, alles gut mischen. Den Nudelsalat nach Belieben sofort servieren oder vorher noch ca. 1 Std. durchziehen lassen.

TIPP:

Nudeln zählen als Getreideprodukte, vor allem wenn sie noch Eier enthalten, zu den säurebildenden Lebensmitteln. Verwenden Sie sie daher sparsam und gleichen Sie immer mit viel Gemüse und Salat aus!

SUPER FÜR DIE LUNCH-BOX

Gemüse überraschend anders: Hier verstecken sich weich gegarte Möhren im knallgelben Dressing und schmeicheln Salat und Trockenobst.

FELDSALAT

mit Möhrendressing

Für das Dressing:
160 g Möhren
1 EL flüssiger Honig
5 EL Orangensaft
80 g Joghurt (1,5 % Fett)
Salz | Pfeffer
gemahlener Kardamom
Für den Salat:
25 g Sonnenblumenkerne
80–100 g Feldsalat
4 ungeschwefelte getrocknete Aprikosen

Für 2 Personen
20 Min. Zubereitung

Nährwert pro Portion:

- 195 kcal
- 7 g Eiweiß
- 7 g Fett
- 24 g Kohlenhydrate

1 Für das Dressing die Möhren schälen, in kleine Stücke schneiden und in einem kleinen Topf in wenig kochendem Wasser zugedeckt bei mittlerer Hitze in ca. 10 Min. weich dünsten. Anschließend die Möhren abgießen und etwas abkühlen lassen.

2 Inzwischen für den Salat die Sonnenblumenkerne in einer kleinen Pfanne ohne Fett rösten, bis sie etwas Farbe angenommen habe. Herausnehmen und abkühlen lassen. Den Feldsalat verlesen, waschen und gründlich trocken schleudern, auf Teller verteilen. Die Aprikosen in schmale Streifen schneiden und auf den Feldsalat streuen.

3 Die Möhren mit dem Honig, dem Orangensaft und dem Joghurt in einem hohen Rührbecher mit dem Pürierstab glatt pürieren. Das Dressing mit Salz, Pfeffer und 1 Prise Kardamom abschmecken.

4 Zum Servieren das Dressing über den Salat träufeln und die gerösteten Sonnenblumenkerne darüberstreuen.

HIRSESALAT

mit Süßkartoffeln

60 g Hirse | 175 ml Gemüsebrühe | 1 dicke Süßkartoffel (ca. 300 g) | 60 g Römersalat | 2 EL Weißweinessig | Salz | Pfeffer | 1 TL mittelscharfer Senf | 3 EL Olivenöl
Für 2 Personen | 20 Min. Zubereitung

1 Die Hirse und die Brühe in einen kleinen Topf geben, zugedeckt aufkochen und die Hirse bei schwacher Hitze in ca. 15 Min. bissfest garen.

2 Inzwischen die Süßkartoffel schälen und der Länge nach in 5–10 mm dicke Scheiben schneiden. Die Scheiben im Toaster auf mittlerer Stufe zweimal toasten, anschließend in Streifen oder Würfel schneiden. Den Salat putzen, waschen und trocken schleudern, die Blätter in Streifen schneiden.

3 Für die Vinaigrette den Essig mit Salz, Pfeffer und dem Senf verquirlen, das Öl mit einem Schneebesen unterschlagen.

4 Die Hirse in ein Sieb abgießen und abtropfen lassen, dabei den Sud auffangen und 2–3 EL Sud unter die Vinaigrette rühren. Zum Servieren Römersalat, Hirse und Süßkartoffeln auf Tellern anrichten und mit der Vinaigrette beträufeln.

Nährwert pro Portion:

385 kcal	17 g Fett
6 g Eiweiß	50 g Kohlenhydrate

KÜRBISSALAT

mit Couscous

160 g Hokkaido-Kürbis | Salz | 75 g Couscous | 2 EL Pinienkerne | 1 kleine Zwiebel | 100 g Joghurt (1,5 % Fett) | 1 EL Zitronensaft | Pfeffer | Pul Biber | 1 TL Couscous-Gewürz (ersatzweise Kreuzkümmel) | 1 Handvoll Rucola | 20 g ungeschwefelte Rosinen
Für 2 Personen | 20 Min. Zubereitung

1 Den Kürbis waschen und Kerne und Fasern herauskratzen. Den Kürbis in kleine Würfel schneiden und in einem kleinen Topf in wenig Salzwasser zugedeckt bei mittlerer Hitze ca. 5 Min. dünsten, anschließend in ein Sieb abgießen und abtropfen lassen.

2 Inzwischen den Couscous nach Packungsanweisung zubereiten. Die Pinienkerne in einer Pfanne ohne Fett rösten. Herausnehmen und abkühlen lassen. Die Zwiebel schälen, fein würfeln, mit Joghurt, Zitronensaft, Salz, Pfeffer, 2 Prisen Pul Biber und Couscous-Gewürz verrühren.

3 Den Rucola verlesen, waschen, trocken schleudern und in Streifen schneiden. Rucola mit dem Kürbis, dem Couscous und den Rosinen mischen. Auf Schalen verteilen.

4 Zum Servieren den gewürzten Joghurt nochmals abschmecken und über den Salat träufeln, die Pinienkerne darüberstreuen.

Nährwert pro Portion:

305 kcal	7 g Fett
10 g Eiweiß	51 g Kohlenhydrate

PETERSILIENSALAT

mit Hähnchenbrustfilet

125 g Hähnchenbrustfilet
2 EL Olivenöl
Salz | Pfeffer
gemahlener Kreuzkümmel
½ kleine Papaya
1 EL Apfelessig
2 EL Apfelsaft
175 g Petersilienwurzeln
1 Bund Petersilie
1–2 EL Kürbiskerne

Für 2 Personen
15 Min. Zubereitung

Nährwert pro Portion:

- 290 kcal
- 20 g Eiweiß
- 16 g Fett
- 10 g Kohlenhydrate

1 Das Hähnchenbrustfilet waschen, trocken tupfen und in kleine Würfel oder feine Streifen schneiden. 2 TL Öl in einer kleinen Pfanne verteilen und erhitzen, das Hähnchenfleisch darin bei mittlerer Hitze in ca. 3 Min. rundum goldbraun braten. Mit Salz, Pfeffer und 1 Prise Kreuzkümmel würzen, herausnehmen und beiseitestellen.

2 Die Kerne aus der Papayahälfte entfernen, die Papaya schälen und in Spalten schneiden, auf Tellern anrichten.

3 Für das Dressing den Essig mit Salz und Pfeffer verquirlen, das restliche Öl gründlich unterschlagen, dann den Apfelsaft unterrühren. Die Petersilienwurzeln schälen und auf der Gemüsereibe grob raspeln, sofort mit dem Dressing mischen. Die Petersilie waschen und trocken tupfen, die Blätter abzupfen und ebenfalls untermischen. Den Salat nochmals abschmecken.

4 Zum Servieren den Petersiliensalat und das Hähnchenbrustfilet zu den Papayaspalten geben und alles mit den Kürbiskernen bestreuen.

TIPP:

Fleisch liefert uns eine Menge Säure. Die sollten wir immer mit viel basenbildendem Gemüse und Salat ausgleichen, dann ist Fleischverzehr hinsichtlich der Säure-Basen-Bilanz unproblematisch.

REICH AN
MINERAL-
STOFFEN

KARTOFFELSALAT

mit Kräuterdressing

300 g kleine neue Kartoffeln | Salz | 100 g TK-Erbsen | 1 EL heller Sesam | ½ Bund Petersilie | 50 g Rucola | 100 g Joghurt (1,5 % Fett) | 1 EL geröstetes Sesamöl | Pfeffer | 40 g magere Rohschinkenwürfel

Für 2 Personen | 20 Min. Zubereitung

1 Die Kartoffeln waschen und gründlich abbürsten, dann halbieren und in einem kleinen Topf in wenig Salzwasser zugedeckt bei mittlerer Hitze in ca. 15 Min. knapp gar kochen. Dabei während der letzten 5 Min. die Erbsen mit garen.

2 Inzwischen den Sesam in einer kleinen Pfanne ohne Fett hell rösten, herausnehmen und abkühlen lassen.

3 Für das Dressing die Petersilie waschen, trocken tupfen und die Blätter abzupfen. Den Rucola verlesen, waschen und trocken schleudern. Petersilie und Rucola mit Joghurt und Öl in einem hohen Rührbecher mit dem Pürierstab fein pürieren, mit Salz und Pfeffer abschmecken.

4 Kartoffeln und Erbsen in ein Sieb abgießen, gut abtropfen und kurz abkühlen lassen. Dann mit der Kräutercreme mischen und nochmals abschmecken. Auf Teller verteilen, mit Sesam und Schinken bestreuen.

Nährwert pro Portion:

295 kcal | 12 g Fett
14 g Eiweiß | 33 g Kohlenhydrate

TOMATEN-AVOCADO-SALAT

mit Mozzarella

250 g reife feste Tomaten | ½ Bund Basilikum | 1 kleine Avocado | 1 kleine rote Zwiebel | ½ Kugel Mozzarella (60 g) | 2 EL Aceto balsamico | 2 EL Olivenöl | Salz | Pfeffer
Für 2 Personen | 15 Min. Zubereitung

1 Die Tomaten waschen und in Scheiben schneiden, dabei die Stielansätze entfernen. Das Basilikum waschen, trocken tupfen und die Blätter abzupfen.

2 Die Avocado halbieren und den Kern entfernen. Die Hälften schälen und quer in Scheiben schneiden. Dann mit den Tomaten auf einer Platte oder auf Tellern auslegen.

3 Die Zwiebel schälen und in sehr feine Streifen schneiden. Den Mozzarella in kleine Würfel schneiden. Zwiebelstreifen und Mozzarellawürfel über Tomaten und Avocado verteilen.

4 Zum Servieren alles mit Essig und Öl beträufeln, mit den Basilikumblättern bestreuen und mit Salz und Pfeffer würzen.

Nährwert pro Portion:

365 kcal	33 g Fett
9 g Eiweiß	6 g Kohlenhydrate

BUNTER BOHNENSALAT

mit Schafskäse

125 g grüne Bohnen
Salz
1 Dose weiße Bohnenkerne (ca. 260 g Abtropfgewicht)
70 g Schalotten
2 Stiele Petersilie
2 Zweige Majoran
½ rote Paprikaschote
Saft von ½ Zitrone
100 g griechischer Joghurt (10 % Fett)
1 EL Olivenöl
Pfeffer
75 g Feta (Schafskäse)

Für 2 Personen
20 Min. Zubereitung

Nährwert pro Portion:

- 345 kcal
- 18 g Eiweiß
- 18 g Fett
- 28 g Kohlenhydrate

1 Die grünen Bohnen putzen, waschen und nach Belieben halbieren oder dritteln. Dann in einem kleinen Topf in wenig Salzwasser zugedeckt bei mittlerer Hitze in ca. 10 Min. bissfest dünsten.

2 Inzwischen die weißen Bohnenkerne in ein Sieb abgießen, abbrausen und abtropfen lassen. Die Schalotten schälen und in feine Scheiben schneiden. Die Petersilie und den Majoran waschen, trocken tupfen und die Blätter abzupfen, nach Belieben hacken.

3 Die Paprika waschen, weiße Trennwände und Kerne entfernen und die Hälfte quer in dünne Streifen schneiden. Den Zitronensaft mit dem Joghurt und dem Öl verrühren und das Dressing mit Salz und Pfeffer abschmecken.

4 Die grünen Bohnen in ein Sieb abgießen und abtropfen lassen, mit den weißen Bohnen, Schalotten, Kräutern und Paprika mischen. Zum Servieren das Dressing über dem Salat verteilen und den Feta darüberbröckeln.

TIPP:

Nicht alle Hülsenfrüchte sind gleich zu bewerten. Im Gegensatz zu Erbsen und Linsen gehören Bohnenkerne zu den guten Basenlieferanten. Die basischen Bohnen gleichen hier den hohen Säuregehalt des Fetakäses aus.

MEDITERRANE
BASEN-
POWER

GLASNUDELSALAT

mit Mango und Garnelen

50 g Glasnudeln
½ dünne Stange Lauch
1 kleine Mango (ca. 300 g)
1 EL Rapsöl
60 g geschälte, gegarte Garnelen (küchenfertig; frisch oder TK)
1 Knoblauchzehe
1 EL heller Sesam
Salz | Pfeffer
Saft von 1 kleinen Limette
2 EL geröstetes Sesamöl
2 EL helle Sojasauce
½ TL Sambal Oelek
etwas Koriandergrün zum Garnieren (nach Belieben)

Für 2 Personen
20 Min. Zubereitung

Nährwert pro Portion:

375 kcal
10 g Eiweiß
19 g Fett
39 g Kohlenhydrate

1 Die Glasnudeln in einer Schüssel mit kochend heißem Wasser übergießen und ca. 10 Min. quellen lassen, mit einer Schere kleiner schneiden.

2 Inzwischen den Lauch putzen, waschen und in dünne Ringe schneiden. Dann in einem Sieb gründlich abbrausen und gut abtropfen lassen. Die Mango schälen, das Fruchtfleisch erst vom Stein, dann in kleine Würfel schneiden.

3 Das Rapsöl in einer Pfanne erhitzen, die Garnelen darin bei mittlerer Hitze rundum ca. 2 Min. braten (TK-Ware rechtzeitig im Kühlschrank auftauen lassen). Den Knoblauch schälen und dazupressen, den Sesam ebenfalls dazugeben und beides mit anbraten. Die Garnelen mit Salz und Pfeffer würzen, vom Herd nehmen und etwas abkühlen lassen.

4 Für das Dressing den Limettensaft mit Sesamöl, Sojasauce und Sambal Oelek verrühren. Zum Servieren die Glasnudeln in ein Sieb abgießen und gut abtropfen lassen. Dann mit Lauch und Mango mischen, das Dressing unterheben und den Salat in Schalen anrichten. Die gebratenen Garnelen darüber verteilen und alles nach Belieben mit Koriandergrün garnieren.

TIPP:

Glasnudeln werden in den meisten Fällen aus den Samen von Mungbohnen hergestellt und belasten den Säure-Basen-Haushalt kaum. Mit Früchten kombiniert, wird ein basischer Genuss daraus.

FRUCHTIG-
PIKANT

Der Salat lässt sich prima für unterwegs mitnehmen: Einfach alles in ein Glas oder eine Lunch-Box schichten. Die perfekte Kombi!

GLUTENFREI UND VITAMIN-REICH

PAPRIKASALAT

mit geröstetem Buchweizen

Für die Vinaigrette:
2 EL Rotweinessig
Salz | Pfeffer
½ TL geräuchertes Paprikapulver
1 TL süßer Senf
2 EL Olivenöl
2 EL Tomatensaft
Für den Salat:
70 g Cabanossi
2 kleine rote Paprikaschoten
80 g Zucchini
70 g Buchweizen
1 EL Olivenöl
Pfeffer

Für 2 Personen
20 Min. Zubereitung

1 Für die Vinaigrette den Essig mit Salz, Pfeffer, Paprikapulver und Senf verquirlen. Das Öl mit einem Schneebesen gründlich unterschlagen, dann auch den Tomatensaft unterrühren und die Vinaigrette abschmecken.

2 Für den Salat die Cabanossi in Streifen oder dünne Scheiben schneiden. Die Paprikaschoten waschen, vierteln, weiße Trennwände und Kerne entfernen, die Viertel quer in dünne Streifen schneiden oder würfeln. Zucchini putzen, waschen und ebenfalls in Streifen oder Würfel schneiden.

3 Den Buchweizen in einer Pfanne ohne Fett bei mittlerer Hitze ca. 5 Min. unter Rühren rösten. Herausnehmen und abkühlen lassen. Dann das Öl in der Pfanne erhitzen, die Cabanossi darin scharf anbraten. Die Zucchini dazugeben und ca. 1 Min. mitbraten, dabei mit etwas Pfeffer würzen.

4 Die Paprika in der Vinaigrette wenden, mit der Cabanossi-Zucchini-Mischung in Schalen anrichten und mit dem gerösteten Buchweizen bestreut servieren.

Nährwert pro Portion:

- 455 Kalorien
- 11 g Eiweiß
- 32 g Fett
- 32 g Kohlenhydrate

RADICCHIO-PILZ-SALAT

mit Maronen

100 g gegarte Maronen (Esskastanien; vakuumverpackt)
Salz | Pfeffer
edelsüßes Paprikapulver
1 Radicchio
einige Blätter Eichblattsalat (ersatzweise anderer Blattsalat)
80 g Champignons
Saft von ½ Zitrone
2 TL Ahornsirup
½ TL geriebener Meerrettich (aus dem Glas)
2 EL Walnussöl
1 EL Sonnenblumenöl
2 EL Orangensaft
50 g Schweinebratenaufschnitt (in dünnen Scheiben)

Für 2 Personen
20 Min. Zubereitung

Nährwert pro Portion:

330 kcal
10 g Eiweiß
18 g Fett
28 g Kohlenhydrate

1 Die Maronen halbieren und in einer Pfanne ohne Fett bei mittlerer bis starker Hitze rösten, dabei ab und zu wenden. Mit Salz, Pfeffer und 1 Prise Paprikapulver würzen, herausnehmen und abkühlen lassen.

2 Den Radicchio und den Eichblattsalat putzen, waschen und trocken schleudern. Beide Salate in Streifen schneiden. Die Champignons putzen und bei Bedarf mit einem Tuch abreiben, dann in Scheiben schneiden.

3 Für das Dressing den Zitronensaft mit Ahornsirup, Salz, Pfeffer und dem Meerrettich verrühren. Dann das Walnussöl und das Sonnenblumenöl unterschlagen und zuletzt den Saft unterrühren.

4 Zum Servieren die Salate auf Teller verteilen, Champignons, geröstete Maronen und Aufschnitt dazusetzen und das Dressing darüberträufeln.

TIPP:

Maronen oder Esskastanien sind super Basenlieferanten, die enthaltene Stärke hält uns außerdem lange satt und bewahrt uns vor Heißhunger.

Ein feiner Salat, der sich ideal als Vorspeise eignet. Genauso gut schmeckt er aber auch als superleichtes Hauptgericht mit Basen-Power.

ROTE-BETE-SUPPE

mit Räucherforelle

250 g vorgegarte Rote Bete (vakuumverpackt)
350 ml Gemüsebrühe
100 g Schmand
1 EL Aceto balsamico
2 TL Ahornsirup
Salz | Pfeffer
60 g geräucherte Forelle (ohne Haut und Gräten)
1 EL Schnittlauchröllchen

Für 2 Personen
20 Min. Zubereitung

Nährwert pro Portion:

- 270 kcal
- 11 g Eiweiß
- 14 g Fett
- 21 g Kohlenhydrate

1 Die Roten Beten in große Stücke schneiden (Achtung, die Knollen färben stark, deshalb mit Gabeln halten oder Einweghandschuhe verwenden!). Dann mit der Brühe in einen kleinen Topf geben, alles aufkochen und zugedeckt bei mittlerer Hitze ca. 5 Min. kochen lassen.

2 Anschließend beides in einem hohen Rührbecher mit dem Pürierstab fein pürieren, dann zurück in den Topf gießen. Die Suppe nach Belieben noch durch ein feines Sieb streichen, damit sie ganz glatt ist.

3 Etwa zwei Drittel des Schmands unterrühren, die Suppe mit dem Essig, dem Ahornsirup, Salz und Pfeffer abschmecken und noch kurz köcheln lassen. Inzwischen den übrigen Schmand mit etwas Salz und Pfeffer verrühren. Das Forellenfilet in mundgerechte Stücke zupfen.

4 Zum Servieren die Suppe auf tiefe Teller verteilen. Den übrigen Schmand und die Räucherforelle daraufsetzen und mit den Schnittlauchröllchen bestreuen.

Nicht nur der Anblick der cremigen roten Suppe wärmt, auch die Zutaten sorgen im Winter für wärmenden Wohlfühlgenuss!

BOHNENSUPPE

mit Chorizo

100 g Chorizo (s. Tipp) | 1 große Zwiebel | 150 g Möhren | 3 Zweige Majoran | 1 EL Olivenöl | 1 Dose weiße Bohnenkerne (ca. 250 g Abtropfgewicht) | Salz | Pfeffer | edelsüßes Paprikapulver
Für 2 Personen | 20 Min. Zubereitung

1 Die Chorizo in dünne Scheiben schneiden. Die Zwiebel und die Möhren schälen und in kleine Würfel schneiden. Den Majoran waschen, trocken tupfen, die Blätter abzupfen und nach Belieben noch etwas kleiner hacken.

2 Das Öl in einem Topf erhitzen und die Chorizo-Scheiben darin bei mittlerer Hitze 2–3 Min. braten. Die Zwiebel- und Möhrenwürfel dazugeben und kurz mit anbraten. 300 ml Wasser dazugießen. Bohnen samt Sud sowie den Majoran dazugeben und alles zugedeckt ca. 10 Min. köcheln lassen.

3 Zum Servieren die Suppe mit Salz, Pfeffer und 1 Prise Paprikapulver abschmecken, auf tiefe Teller oder Schalen verteilen.

TIPP:

Chorizo ist eine spanische Wurst, die mit Paprika gewürzt und mehr oder weniger scharf ist. Als Ersatz können Sie jede andere würzige Bratwurst verwenden.

Nährwert pro Portion:

380 kcal | 22 g Fett
19 g Eiweiß | 25 g Kohlenhydrate

GURKEN-GAZPACHO

mit Buttermilch

1 große Salatgurke | 1 gelbe Paprikaschote | ½ Bund Petersilie | 350 g Buttermilch (gut gekühlt) | Salz | Pfeffer | 1–2 EL Zitronensaft | 1 kleine Dose Thunfisch (im eigenen Saft; ca. 60 g Abtropfgewicht)

Für 2 Personen | 20 Min. Zubereitung

1 Die Gurke putzen, waschen und auf der Gemüsereibe fein raspeln oder sehr fein würfeln. Die Paprika waschen, halbieren, weiße Trennwände und Kerne entfernen, die Hälften in sehr feine Würfel schneiden. Die Petersilie waschen, trocken tupfen, die Blätter abzupfen und fein hacken.

2 Die Gurkenraspel mit den Paprikawürfeln, der Petersilie und der Buttermilch verrühren. Die Kaltschale mit Salz, Pfeffer und Zitronensaft abschmecken und auf tiefe Teller oder Schalen verteilen. Den Thunfisch abtropfen lassen, in kleine Stücke zupfen und auf den Gazpacho setzen.

VARIANTE:
Anstelle von Thunfisch können Sie die kalte Sommersuppe auch mit kleinen Schinkenwürfeln oder gerösteten Nüssen toppen. Servieren Sie den Gazpacho wirklich gut gekühlt, dann erfrischt er herrlich!

Nährwert pro Portion:

150 kcal	2 g Fett
16 g Eiweiß	14 g Kohlenhydrate

SÜSSKARTOFFELSUPPE

mit Zimtcroûtons

1 Zwiebel
250 g Süßkartoffeln
2 EL Butter
250 ml Gemüsebrühe
2 Scheiben Toastbrot
2 TL Zucker
⅛ TL Zimtpulver
Saft von 1 Orange
Salz | Pfeffer
2 EL ungeschwefelte getrocknete Cranberrys

Für 2 Personen
20 Min. Zubereitung

Nährwert pro Portion:

- 400 kcal
- 4 g Eiweiß
- 14 g Fett
- 62 g Kohlenhydrate

1 Die Zwiebel schälen und in feine Würfel schneiden. Die Süßkartoffeln schälen und in ca. 1 cm große Würfel schneiden. 2 TL Butter in einem Topf zerlassen und die Zwiebelwürfel darin glasig andünsten. Die Süßkartoffeln dazugeben, dann mit der Brühe ablöschen. Alles aufkochen und zugedeckt bei mittlerer Hitze ca. 10 Min. köcheln lassen.

2 Inzwischen die Toastbrotscheiben entrinden und in kleine Würfel schneiden. Die restliche Butter in einer Pfanne zerlassen und die Toastwürfel darin rundum goldbraun rösten. Zucker und Zimt darüberstreuen und den Zucker leicht karamellisieren lassen. Die Croûtons vom Herd nehmen.

3 Die Süßkartoffeln im Topf mit dem Pürierstab fein pürieren, den Orangensaft unterrühren und alles nochmals aufkochen, mit Salz und Pfeffer abschmecken. Zum Servieren die Suppe auf tiefe Teller oder Schalen verteilen und die Croûtons und die Cranberrys darüberstreuen.

TIPP:

Ersetzen Sie immer mal wieder unsere normalen Kartoffeln durch Süßkartoffeln wie in der Suppe hier. Die schmecken nicht nur gut, sie sind zudem noch etwas basenbildender als unsere gewohnten Knollen.

Eine cremige Suppe, die Kindern besonders gut schmeckt!
Das Topping kann je nach Wunsch der Kleinen variiert werden.

REICH AN BALLAST-STOFFEN

LINSENSUPPE

mit Koriander-Salsa

1 große Zwiebel
1 EL Öl
1 Knoblauchzehe
2 TL Garam Masala (indische Gewürzmischung)
350 ml Gemüsebrühe
65 g rote Linsen
½ Bund Koriandergrün
1 Tomate
2 EL Limettensaft
Salz | Pfeffer

Für 2 Personen
20 Min. Zubereitung

Nährwert pro Portion:

- 200 kcal
- 10 g Eiweiß
- 6 g Fett
- 23 g Kohlenhydrate

1 Die Zwiebel schälen, etwa ein Viertel sehr fein, den Rest grob würfeln. Das Öl in einem Topf erhitzen und die groben Zwiebelwürfel darin bei mittlerer Hitze glasig dünsten. Den Knoblauch schälen und dazupressen.

2 Das Garam Masala einstreuen und kurz andünsten, dann die Brühe dazugießen. Die Linsen hinzufügen und alles zugedeckt bei schwacher Hitze 8–10 Min. köcheln lassen.

3 Inzwischen für die Salsa das Koriandergrün waschen, trocken tupfen, die Blätter abzupfen und fein hacken. Die Tomate waschen und in kleine Würfel schneiden, dabei Stielansatz und Kerne entfernen. Das Koriandergrün mit den Tomaten, den feinen Zwiebelwürfeln und dem Limettensaft mischen, die Salsa mit Salz und Pfeffer abschmecken.

4 Zum Servieren die Linsensuppe nochmals abschmecken, auf tiefe Teller verteilen und mit der Koriander-Salsa toppen.

INDISCH,
BASISCH,
GUT

BASENGLÜCK
ZUM
LÖFFELN

CURRYCREMESUPPE

mit Lachstatar

1 kleine Zwiebel
250 g mehligkochende Kartoffeln
1 EL Rapsöl
2 TL Currypulver
350 ml Gemüsebrühe
125 g Lachsfilet
1–2 EL Limettensaft
Salz | Pfeffer
100 g Sahne
1 kleine Dose Kichererbsen (ca. 65 g Abtropfgewicht)
1 EL Schnittlauchröllchen

Für 2 Personen
25 Min. Zubereitung

Nährwert pro Portion:

440 kcal
17 g Eiweiß
30 g Fett
22 g Kohlenhydrate

1 Die Zwiebel schälen und fein würfeln. Die Kartoffeln schälen und in kleine Würfel schneiden. Das Öl in einem Topf erhitzen, die Zwiebelwürfel darin glasig dünsten. Mit Curry bestäuben, andünsten und mit der Brühe ablöschen. Die Kartoffeln hinzufügen, alles aufkochen und zugedeckt bei schwacher Hitze ca. 10 Min. köcheln lassen.

2 Inzwischen das Lachsfilet waschen, trocken tupfen und in sehr feine Würfel schneiden. Sofort mit dem Limettensaft sowie etwas Salz und Pfeffer mischen.

3 Die Kartoffelsuppe in einem hohen Rührbecher mit dem Pürierstab fein pürieren. Zurück in den Topf geben und die Sahne unterrühren. Die Kichererbsen samt Sud ebenfalls zur Suppe geben und untermischen, alles mit Salz und Pfeffer abschmecken und nochmals aufkochen.

4 Die Suppe möglichst heiß auf tiefe Teller verteilen, jeweils etwas Lachstatar und einige Schnittlauchröllchen daraufgeben – der Lachs gart dann in der Hitze der Suppe.

KOKOSSUPPE

mit Hähnchen und Glasnudeln

1 Zwiebel
1 Stück Ingwer (1–2 cm lang)
100 g Hähnchenbrustfilet
100 g Zuckerschoten
75 g Mungbohnensprossen
1 EL Öl
1 TL grüne Currypaste
250 ml Hühnerbrühe
1 kleine Dose Kokosmilch (ca. 165 g)
50 g Glasnudeln
einige Stiele Koriandergrün
2 EL Sojasauce

Für 2 Personen
25 Min. Zubereitung

Nährwert pro Portion:

430 kcal
19 g Eiweiß
23 g Fett
33 g Kohlenhydrate

1 Die Zwiebel und den Ingwer schälen und fein würfeln. Das Hähnchenbrustfilet waschen, trocken tupfen und in feine Streifen schneiden. Die Zuckerschoten putzen, waschen und schräg halbieren. Die Mungbohnensprossen in einem Sieb kalt abbrausen.

2 Das Öl in einem Topf erhitzen und die Zwiebel- und Ingwerwürfel darin unter Rühren anbraten. Die Currypaste hinzufügen, das Hähnchenfleisch dazugeben und darin rundum anbraten. Die Brühe und die Kokosmilch dazugießen und alles aufkochen. Die Zuckerschoten hinzufügen und alles offen ca. 5 Min. garen.

3 Inzwischen die Glasnudeln in einer Schüssel mit kochend heißem Wasser übergießen, ca. 5 Min. quellen lassen und mit einer Schere kleiner schneiden. Dann in ein Sieb abgießen und abtropfen lassen. Das Koriandergrün waschen, trocken tupfen, die Blätter abzupfen und fein hacken.

4 Zum Servieren die Glasnudeln auf tiefe Teller oder Schalen verteilen. Die Sprossen zur Suppe geben, alles nochmals aufkochen und mit der Sojasauce würzen, dann über die Glasnudeln geben. Mit Koriander bestreuen.

TIPP:

Kokosmilch wird aus dem Fruchtfleisch der Kokosnüsse hergestellt – nicht zu verwechseln mit Kokoswasser. Die Kokosnuss ist eigentlich keine Nuss, sondern gehört zu den Steinfrüchten. Hinsichtlich des Säure-Basen-Haushalts ist sie leicht basenbildend einzuordnen.

Eine gesunde Suppe, die uns löffelweise Asienträume schenkt! Beim Gemüse können Sie variieren – je nach Jahreszeit passen auch Möhren, Zucchini oder Brokkoli.

MANGOLDSUPPE

mit Quinoa

Für die Suppe:
1 Zwiebel
½ kleine Staude Mangold (ca. 150 g)
1 EL Olivenöl
400 ml Gemüsebrühe
50 g Quinoa (bunt oder rot; s. Tipp)
Salz | Pfeffer
Für das Topping:
½ Bund Petersilie
2 EL Walnusskerne
½ Bio-Zitrone
50 g Feta (Schafskäse)

Für 2 Personen
20 Min. Zubereitung

Nährwert pro Portion:

- 290 kcal
- 11 g Eiweiß
- 18 g Fett
- 19 g Kohlenhydrate

1 Für die Suppe die Zwiebel schälen und in Streifen schneiden. Den Mangold putzen und waschen, die Blätter von den Stielen abtrennen. Die Stiele in dünne Scheiben, die Blätter in schmale Streifen schneiden.

2 Das Öl in einem großen Topf erhitzen, die Zwiebel und die Mangoldstiele darin unter Rühren 2–3 Min. andünsten. Die Brühe dazugießen, Quinoa und Mangoldblätter hinzufügen, alles aufkochen und zugedeckt bei schwacher Hitze ca. 10 Min. köcheln lassen.

3 Inzwischen für das Topping die Petersilie waschen, trocken tupfen, die Blätter abzupfen und fein hacken. Die Walnusskerne ebenfalls hacken. Die Zitrone heiß abwaschen, abtrocknen und die Schale fein abreiben. Den Saft auspressen. Den Feta zerbröckeln. Alle Zutaten für das Topping in einer Schüssel mischen.

4 Die Suppe mit Salz, Pfeffer und Zitronensaft (vom Topping) abschmecken und auf tiefe Teller verteilen. Das Petersilien-Topping daraufgeben.

TIPP:

Quinoa immer vor dem Garen in einem Sieb heiß waschen. Denn die Schale der Samenkörner enthält als Schutz vor Fraßfeinden bittere Saponine, die unsere Darmschleimhaut und Blutzellen schädigen können.

REICH AN
MAGNESIUM

QUINOA-BOWL

mit pochiertem Ei

250 g Hokkaido-Kürbis
1 EL Rapsöl
Salz | Pfeffer
150 g Brokkoli
100 g Quinoa (rot oder bunt)
3 EL Essig
2 Eier
1 kleine Avocado
2 EL Limettensaft
2 EL heller Sesam
30 g Baby-Blattspinat
2 EL rote Rettichsprossen

Für 2 Personen
25 Min. Zubereitung

Nährwert pro Portion:

- 610 kcal
- 22 g Eiweiß
- 36 g Fett
- 49 g Kohlenhydrate

1 Den Kürbis waschen, Kerne und Fasern herauskratzen, den Kürbis in 5–10 mm dicke Scheiben schneiden. Das Öl in einer großen beschichteten Pfanne verteilen und erhitzen. Den Kürbis darin bei schwacher bis mittlerer Hitze rundum ca. 10 Min. braten, mit Salz und Pfeffer würzen.

2 Gleichzeitig den Brokkoli putzen, waschen und in Röschen zerteilen. Die Quinoa mit 300 ml leicht gesalzenem Wasser in einem Topf aufkochen, dann zugedeckt bei mittlerer Hitze ca. 5 Min. garen. Anschließend den Brokkoli daraufsetzen und alles noch 7–8 Min. garen.

3 Inzwischen ca. 1 l Wasser in einem Topf aufkochen, Essig und 1 EL Salz hinzufügen. Die Eier einzeln in eine Kelle aufschlagen und vorsichtig ins Wasser gleiten lassen, dabei mit einem Löffel das Eiweiß um das Eigelb ziehen. Die Hitze ausschalten und die Eier ca. 4 Min. garen.

4 Die Avocado halbieren und den Kern entfernen, die Hälften schälen und nach Belieben längs in Scheiben schneiden. Sofort mit Limettensaft beträufeln und mit dem Sesam bestreuen. Den Spinat verlesen, waschen und trocken tupfen. Die Sprossen in einem Sieb abbrausen und gut abtropfen lassen.

5 Zum Servieren Quinoa und Brokkoli auf Schalen verteilen, Kürbis, Spinat und Sprossen danebensetzen. Jeweils 1 Avocadohälfte darauflegen. Zuletzt die Eier mit einer Schaumkelle aus dem Wasser heben und gut abtropfen lassen, in die Schalen setzen.

Bunte Kombi für alle Trendsetter: In der Schale finden Sie reichlich basenbildendes Gemüse vereint mit proteinreichem Quinoa.

NUDELPFANNE

mit Kürbis und Tomaten

160 g kurze Makkaroni (oder andere kurze Nudeln)
Salz
1 große Zwiebel
300 g Hokkaido-Kürbis
1 gelbe Paprikaschote (ersatzweise rote)
100 g gelbe Kirschtomaten
2 EL Olivenöl
Pfeffer
geräuchertes Paprikapulver
2 EL geröstete, gesalzene Pistazienkerne

Für 2 Personen
25 Min. Zubereitung

Nährwert pro Portion:

540 kcal
15 g Eiweiß
17 g Fett
82 g Kohlenhydrate

1 Die Nudeln in einem großen Topf nach Packungsanweisung in ca. 2 l Salzwasser bissfest garen. Die Nudeln in ein Sieb abgießen und gut abtropfen lassen, dann weiterverarbeiten.

2 Inzwischen die Zwiebel schälen und fein würfeln. Den Kürbis waschen, Kerne und Fasern herauskratzen, das Fruchtfleisch in schmale Streifen schneiden. Die Paprikaschote halbieren, Kerne und weiße Trennhäute entfernen, die Hälften waschen und ebenfalls in Streifen schneiden. Die Tomaten waschen und halbieren.

3 Das Öl in einer Pfanne erhitzen und die Zwiebelwürfel darin goldbraun anbraten. Kürbis und Paprika dazugeben und bei mittlerer Hitze ca. 8 Min. rührbraten.

4 Die Nudeln zum Gemüse geben, dann auch die Tomaten unterheben. Alles vorsichtig mischen und noch 1–2 Min. rührbraten, mit Salz und Pfeffer abschmecken. Zum Servieren die Nudelpfanne mit 1 Prise Paprikapulver bestreuen und mit den Pistazienkernen toppen.

TIPP:
Im Gegensatz zu vielen anderen Nüssen sind die kleinen grünen Pistazienkerne basenbildend. Sie liefern außerdem gesunde Fettsäuren und sättigen mit Pflanzeneiweiß.

BASISCHER
PASTA-
GENUSS

REICH AN EISEN
UND KALIUM

LAUCHNUDELN

mit Currysahne und Pistazien

1 dicke Stange Lauch
Salz
150 g breite Bandnudeln
1 große rote Zwiebel
1 EL Rapsöl
1 EL Currypulver
100 g Schmand
Pfeffer
20 g geröstete, gesalzene Pistazienkerne

Für 2 Personen
20 Min. Zubereitung

Nährwert pro Portion:

- 520 kcal
- 14 g Eiweiß
- 24 g Fett
- 61 g Kohlenhydrate

1 Den Lauch putzen, längs aufschneiden und gründlich waschen. Die Stange quer dritteln oder vierteln und die Stücke längs in ca. 1 cm breite Streifen schneiden.

2 Die Nudeln in einem großen Topf nach Packungsangabe in ca. 3 l Salzwasser bissfest garen. Dabei in den letzten 3 Min. die Lauchstreifen mit garen.

3 Inzwischen die Zwiebel schälen und in feine Würfel schneiden. Das Öl in einem Topf erhitzen und die Zwiebelwürfel darin auf mittlerer Stufe glasig dünsten. Das Currypulver darüberstreuen und mit andünsten, dann mit 75 ml Wasser ablöschen. Den Schmand dazugeben und alles gut verrühren. Die Sauce aufkochen und bei schwacher Hitze ca. 5 Min. köcheln lassen.

4 Die Nudeln und den Lauch in ein Sieb abgießen und gut abtropfen lassen, auf tiefe Teller verteilen. Die Currysahne mit Salz und Pfeffer abschmecken und über die Lauchnudeln geben, zuletzt die Pistazienkerne darüberstreuen.

FENCHEL-PILZ-PASTA

Salz
160 g Orecchiette
(oder andere kurze Nudeln)
1 große Fenchelknolle
(ca. 400 g)
2 kleine rote Zwiebeln
125 g Pfifferlinge
(frisch oder aus
dem Glas)
2 EL Olivenöl
1 EL Pinienkerne
Pfeffer

Für 2 Personen
20 Min. Zubereitung

Nährwert pro Portion:

465 kcal
14 g Eiweiß
16 g Fett
66 g Kohlenhydrate

1 In einem großen Topf ca. 2 l leicht gesalzenes Wasser aufkochen. Die Orecchiette darin nach Packungsanweisung bissfest garen.

2 Inzwischen den Fenchel putzen, waschen und den harten Strunk entfernen, den Fenchel in feine Streifen schneiden. Dabei das Fenchelgrün fein hacken und beiseitelegen. Die Zwiebeln schälen und in feine Spalten schneiden. Die Pfifferlinge putzen und bei Bedarf mit einem Tuch abreiben (Pilze aus dem Glas in ein Sieb abgießen und abtropfen lassen), bei Bedarf etwas kleiner schneiden.

3 Das Öl in einer breiten beschichteten Pfanne erhitzen, die Pinienkerne, den Fenchel und die Zwiebeln darin bei mittlerer Hitze unter Rühren ca. 5 Min. braten. Die Pilze dazugeben und alles mit Salz und Pfeffer würzen, noch 1–2 Min. rührbraten.

4 Die Orecchiette in ein Sieb abgießen und gut abtropfen lassen, zum Fenchel-Pilz-Mix in die Pfanne geben. Alles mischen, auf Teller verteilen und mit dem beiseitegelegten Fenchelgrün bestreuen.

TIPP:

Pilze nehmen viele Mineralstoffe aus der Erde auf. Sie sind basenbildend, wunderbar kalorienarm und können prima als Fleischersatz verwendet werden.

BASEN-
GLÜCK FÜR
VEGETARIER

REISPFANNE

süßscharf

140 g Basmatireis
Salz
1 frische, rote Chilischote
1 Stück Ingwer (2 cm lang)
2 Paprikaschoten
(z. B. 1 rote und 1 grüne)
3 Scheiben Ananas
(ca. 240 g)
125 g Mungbohnensprossen
3 EL Öl
2 EL Sojasauce
Pfeffer
2 EL gehacktes Koriandergrün (oder Petersilie)

Für 2 Personen
25 Min. Zubereitung

Nährwert pro Portion:

- 515 kcal
- 12 g Eiweiß
- 17 g Fett
- 77 g Kohlenhydrate

1 Den Reis in einem Topf in Salzwasser nach Packungsanweisung gerade bissfest garen.

2 Inzwischen die Chili waschen, längs halbieren, weiße Trennwände und Kerne entfernen, die Hälften fein hacken. Den Ingwer schälen und fein würfeln. Die Paprika waschen, längs halbieren, weiße Trennwände und Kerne entfernen, die Hälften in schmale Streifen schneiden. Die Ananasscheiben schälen und den harten Mittelstrunk entfernen, das Fruchtfleisch in Würfel schneiden. Die Mungbohnensprossen in einem Sieb abbrausen und abtropfen lassen.

3 Das Öl im Wok oder in einer breiten Pfanne erhitzen, die Chili- und die Ingwerwürfel darin bei starker Hitze kurz anbraten. Die Paprikastreifen dazugeben und ca. 2 Min. unter Rühren mit anbraten.

4 Den Reis bei Bedarf in ein Sieb abgießen und abtropfen lassen. Den Reis in die Pfanne geben und gut mit dem Gemüse mischen, ebenfalls bei starker Hitze kurz mit anbraten. Dann Ananaswürfel und Mungbohnensprossen unterrühren, dabei eventuell einige Löffel Wasser dazugeben. Alles noch 2–3 Min. erhitzen, dann mit Sojasauce und Pfeffer abschmecken und auf Teller verteilen. Mit dem Koriandergrün bestreut servieren.

BASISCH:
REIS MIT VIEL
GEMÜSE

LIEFERT
WERTVOLLES
EISEN

KRÄUTER-POLENTA MIT PILZRAGOUT

1 große Zwiebel
400 g gemischte Pilze (z. B. Champignons, Pfifferlinge oder Kräuterseitlinge)
2 EL Olivenöl
½ Bund Petersilie
½ Bund Schnittlauch
½ Bund Basilikum
500 ml Gemüsebrühe
120 g Instant-Polenta (Maisgrieß, s. Tipp)
100 g Schmand
Salz | Pfeffer

Für 2 Personen
20 Min. Zubereitung

Nährwert pro Portion:

- 480 kcal
- 12 g Eiweiß
- 23 g Fett
- 53 g Kohlenhydrate

1 Die Zwiebel schälen und in feine Würfel schneiden. Die Pilze putzen und bei Bedarf mit einem Tuch abreiben, größere Exemplare halbieren.

2 Das Öl in einer Pfanne erhitzen und die Zwiebelwürfel darin goldbraun anbraten. Die Pilze dazugeben und ca. 5 Min. unter Rühren mitbraten. Inzwischen die Kräuter waschen, trocken tupfen, die Blätter abzupfen und fein hacken bzw. den Schnittlauch in Röllchen schneiden.

3 Die Brühe in einem kleinen Topf aufkochen, die Polenta mit einem Schneebesen unterrühren und zugedeckt bei schwacher Hitze ca. 2 Min. leicht köcheln lassen. Dabei ab und zu umrühren und gegen Ende der Garzeit die Hälfte der Kräuter unterrühren.

4 Zum Servieren den Schmand unter die Pilze rühren, alles nochmals aufkochen und mit Salz und Pfeffer abschmecken. Die Polenta ebenfalls mit Salz und Pfeffer abschmecken, mit dem Pilzragout auf Tellern anrichten und mit den übrigen Kräutern bestreuen.

TIPP:
Mais und die aus Maisgrieß hergestellte Polenta gehören ebenso wie Nudeln zu den säurelastigen Stärkelieferanten. Hier gleicht ein Ragout aus reichlich frischen Pilzen die Säurelast aus.

TOMATEN-BULGUR

mit Zucchini

60 g getrocknete Tomaten (in Öl eingelegt)
250 ml Gemüsebrühe
100 g Bulgur
1 Zwiebel
1 Zweig Rosmarin
400 g Zucchini
2 EL Olivenöl
Salz | Pfeffer
Pul Biber
4 ungeschwefelte getrocknete Feigen

Für 2 Personen
20 Min. Zubereitung

Nährwert pro Portion:

505 kcal
16 g Eiweiß
14 g Fett
73 g Kohlenhydrate

1 Die getrockneten Tomaten abtropfen lassen und in kleine Würfel schneiden, dann mit der Brühe in einem kleinen Topf aufkochen. Den Bulgur mit einem Kochlöffel unterrühren und zugedeckt bei schwacher Hitze nach Packungsanweisung in 10–15 Min. bissfest garen.

2 Inzwischen die Zwiebel schälen und in feine Streifen schneiden. Den Rosmarin waschen, trocken tupfen und die Nadeln abzupfen, eventuell etwas kleiner hacken. Die Zucchini putzen, waschen und schräg in ca. 1 cm dicke Scheiben schneiden.

3 Das Öl in einer Pfanne nicht zu stark erhitzen, die Zwiebelwürfel und den Rosmarin darin leicht anbraten. Dann die Zucchinischeiben dazugeben und in ca. 10 Min. goldbraun braten, dabei ab und zu wenden. Mit Salz, Pfeffer und 1 Prise Pul Biber würzen.

4 Zum Servieren die Stielansätze der Feigen entfernen, die Feigen in feine Streifen schneiden und unter die Zucchini mischen. Den Bulgur mit Salz und Pfeffer abschmecken und mit den Zucchini auf Tellern anrichten.

TIPP:

Feigen, insbesondere getrocknete, gehören zu den hervorragenden Basenbildnern. Eine Handvoll getrockneter Feigen ist ein wahrer Basenbooster – hier wichtig, weil Bulgur als Weizenprodukt reichlich Säuren liefert.

Ein arabische inspiriertes Gericht, dem die getrockneten Feigen eine leichte Fruchtnote verleihen.

GNOCCHI

im Tomatenbett

1 große Zwiebel
3 EL Olivenöl
1 Knoblauchzehe
1 Dose stückige Tomaten (400 g)
Salz | Pfeffer
400 g Gnocchi (aus dem Kühlregal)
125 g Mozzarella
100 g Kirschtomaten
1 Handvoll Rucola

Für 2 Personen
20 Min. Zubereitung

Nährwert pro Portion:

680 kcal
23 g Eiweiß
28 g Fett
82 g Kohlenhydrate

1 Die Zwiebel schälen und in feine Würfel schneiden. 1 EL Öl in einem Topf erhitzen und die Zwiebel darin goldgelb anbraten. Den Knoblauch schälen, dazupressen und ebenfalls etwas Farbe annehmen lassen. Die stückigen Tomaten unterrühren, alles mit Salz und Pfeffer würzen und offen bei schwacher Hitze ca. 10 Min. köcheln lassen.

2 Inzwischen das restliche Öl in einer beschichteten Pfanne erhitzen und die Gnocchi darin bei mittlerer Hitze in ca. 5 Min. goldbraun braten. Den Mozzarella würfeln und über die Gnocchi streuen, den Deckel auflegen und den Mozzarella leicht schmelzen lassen.

3 Währenddessen die Kirschtomaten waschen und halbieren, unter die Tomatensauce mischen. Den Rucola verlesen, waschen, trocken schleudern und etwas kleiner schneiden. Die Sauce auf Teller verteilen und die Käse-Gnocchi daraufsetzen, zuletzt mit dem Rucola bestreuen.

TIPP:

Gnocchi bestehen zum überwiegenden Teil aus Kartoffeln und sind daher leckere Basenlieferanten. Praktisch für alle, die wenig Zeit zum Kochen haben: Es gibt sie bereits fertig im Kühlregal – man muss sie nur noch kurz kochen oder braten, fertig! Da sie zusätzlich Weizengrieß enthalten können, ist ein Ausgleich mit Gemüse empfehlenswert.

SCHÜTZT
DAS HERZ MIT
LYCOPIN

BUNT &
BASISCH
GESUND

BUNTE RÖSTI

mit Petersilienschmand

400 g vorwiegend festkochende Kartoffeln
125 g Rote Bete
125 g Hokkaido-Kürbis
2 Eier (M)
Salz | Pfeffer
gemahlener Koriander
2–3 EL Rapsöl
1 Bund Petersilie
150 g Schmand

Für 2 Personen
20 Min. Zubereitung

Nährwert pro Portion:

590 kcal
15 g Eiweiß
40 g Fett
44 g Kohlenhydrate

1 Kartoffeln und Rote Beten putzen und schälen (dabei für die Roten Beten am besten mit Einweghandschuhen arbeiten!). Den Kürbis waschen und Kerne und Fasern herauskratzen. Alle drei Gemüsesorten auf der Gemüsereibe grob raspeln oder im Mixer zerkleinern. Raspel mit Eiern, Salz, Pfeffer und 1 Prise Koriander in einer Schüssel mischen.

2 Jeweils etwas Öl in zwei beschichteten Pfannen verteilen und erhitzen. Jeweils die Hälfte der Kartoffel-Gemüse-Mischung hineingeben und zu einem dicken Fladen formen. Die Rösti auf jeder Seite goldbraun braten, dabei erst wenden, wenn die Unterseite gut gebräunt ist. Bei Bedarf noch etwas Öl in die Pfannen geben.

3 Inzwischen die Petersilie waschen, trocken tupfen, die Blätter abzupfen und fein hacken. Den Schmand mit der Petersilie verrühren und mit Salz und Pfeffer abschmecken. Den Petersilienschmand zu den Rösti servieren.

BOHNEN-FETA-PFANNE

mit Ofentomaten

2 große Tomaten
Salz | Pfeffer
1 TL Pizzagewürz (ersatzweise getrockneter Oregano)
3 EL Olivenöl
2 Zweige Salbei
250 g kleine Champignons
1 Bund Frühlingszwiebeln
1 Dose weiße Bohnenkerne (250 g Abtropfgewicht)
1 milde rote Chilischote
100 g Feta (Schafskäse)

Für 2 Personen
25 Min. Zubereitung
15 Min. Garen

Nährwert pro Portion:

- 425 kcal
- 22 g Eiweiß
- 26 g Fett
- 25 g Kohlenhydrate

1 Den Backofen auf 225° vorheizen. Die Tomaten waschen und halbieren, dabei die Stielansätze entfernen. Die Tomatenhälften mit der Schnittfläche nach oben nebeneinander in eine ofenfeste Form setzen und mit Salz, Pfeffer und Pizzagewürz würzen, mit etwas Öl beträufeln. Im Ofen (Mitte) 10–15 Min. garen.

2 Währenddessen den Salbei waschen und trocken tupfen, die Blätter abzupfen und fein hacken. Die Champignons putzen, bei Bedarf mit einem Tuch abreiben und halbieren. Die Frühlingszwiebeln putzen, waschen und schräg in dünne Ringe schneiden.

3 Das restliche Öl in einer Pfanne erhitzen, den Salbei, die Champignons und die Frühlingszwiebeln darin bei mittlerer Hitze 2–3 Min. anbraten. Die Bohnenkerne samt Sud in die Pfanne geben, alles mit Salz und Pfeffer würzen und offen bei mittlerer Hitze noch ca. 5 Min. köcheln lassen.

4 Inzwischen die Chili waschen, längs halbieren, weiße Trennhäute und Kerne entfernen, die Hälften fein hacken. Den Feta zerbröckeln und mit Chili und Pfeffer mischen.

5 Das Bohnengemüse abschmecken und mit dem Feta-Mix toppen. Die Ofentomaten dazu servieren.

GEMÜSE
MACHT BOHNEN
BASISCH

KARTOFFELGULASCH

mit Räuchertofu

1 Bund Frühlingszwiebeln
1 große rote Paprikaschote
600 g festkochende Kartoffeln
300 g geräucherter Tofu
6 Zweige Majoran
3 EL Olivenöl
3 EL Tomatenmark
2 TL rosenscharfes Paprikapulver
1 kleine Bio-Zitrone (nur die Schale)
Salz | Pfeffer

Für 2 Personen
25 Min. Zubereitung

Nährwert pro Portion:

- 575 kcal
- 31 g Eiweiß
- 30 g Fett
- 46 g Kohlenhydrate

1 Die Frühlingszwiebeln putzen, waschen und in ca. 1 cm dicke Ringe schneiden. Die Paprika waschen, längs halbieren, weiße Trennwände und Kerne entfernen. Die Kartoffeln schälen. Paprika, Kartoffeln und Tofu in 2–3 cm große Würfel schneiden. Den Majoran waschen und trocken tupfen, die Blätter abzupfen und eventuell etwas kleiner hacken.

2 Das Öl in einem Topf erhitzen, die Frühlingszwiebeln, die Paprika- und Kartoffelstücke darin kurz anbraten. Majoran, Tomatenmark und Paprikapulver dazugeben, alles mit ca. 400 ml Wasser ablöschen und aufkochen. Dann das Gulasch zugedeckt bei mittlerer Hitze ca. 12 Min. garen.

3 Inzwischen die Zitrone heiß abwaschen, abtrocknen und die Schale in feinen Zesten abziehen oder fein abreiben. Sobald die Kartoffeln bissfest sind, die Tofuwürfel unter das Gulasch mischen, alles nochmals aufkochen und mit Salz und Pfeffer abschmecken. Das Gulasch mit der Zitronenschale bestreut servieren.

GULASCH FÜR VEGETARIER
V

BESONDERS
GUT BEKÖMMLICH

PAPRIKA-SAHNE-BLUMENKOHL

mit Kräuter-Nuss-Topping

500 g Blumenkohl (geputzt gewogen)
Salz
1 große Zwiebel
½ Bund Petersilie
40 g geröstete, gesalzene Macadamia-Nusskerne
2 EL Rapsöl
Pfeffer
2–3 EL Paprikawürzpaste (ersatzweise Ajvar)
100 g Schmand
2 Scheiben Vollkorntoastbrot

Für 2 Personen
25 Min. Zubereitung

Nährwert pro Portion:

- 500 kcal
- 12 g Eiweiß
- 40 g Fett
- 22 g Kohlenhydrate

1 Den Blumenkohl putzen, waschen und in Röschen zerteilen, die Stiele klein schneiden. Den Blumenkohl in einem Topf in wenig Salzwasser zugedeckt bei mittlerer Hitze in ca. 10 Min. bissfest dünsten.

2 Inzwischen die Zwiebel schälen und fein würfeln. Die Petersilie waschen, trocken tupfen, die Blätter abzupfen und fein hacken. Die Macadamia-Nüsse ebenfalls hacken, mit der Petersilie und mit 1 EL Öl mischen, den Mix mit etwas Pfeffer würzen.

3 Das restliche Öl in einer Pfanne erhitzen, die Zwiebel darin 1–2 Min. andünsten. Den Blumenkohl in ein Sieb abgießen, abtropfen lassen und in der Pfanne kurz mit anbraten. Erst die Paprikawürzpaste unterrühren, dann den Schmand dazugeben.

4 Alles nochmals aufkochen, mit Salz und Pfeffer würzen. Währenddessen die Toastscheiben im Toaster rösten, dann mit der Blumenkohlpfanne auf Tellern anrichten und zum Servieren mit dem Kräuter-Nuss-Topping bestreuen.

KOHLRABI MIT LINSENCREME

Für die Linsencreme:
100 g rote Linsen
300 ml Gemüsebrühe
Salz | Pfeffer
gemahlener Kreuzkümmel
80 g Joghurt (3,5 % Fett)
2 EL Schnittlauchröllchen
Für den Kohlrabi:
4 kleine Kohlrabis (mit Blattgrün)
2 Mairübchen (weiße Rübchen)
1 dünne Stange Lauch
1 EL Rapsöl
30 g Mandelstifte
1 EL Ahornsirup
Salz | Pfeffer

Für 2 Personen
25 Min. Zubereitung

Nährwert pro Portion:

465 kcal
25 g Eiweiß
16 g Fett
51 g Kohlenhydrate

1 Für die Linsencreme die Linsen mit der Brühe in einem kleinen Topf aufkochen, fest zugedeckt bei mittlerer Hitze ca. 10 Min. garen. Anschließend die Linsen in ein Sieb abgießen und abtropfen lassen, dabei den Sud auffangen.

2 Die Linsen in einer Schüssel kräftig durchrühren und dabei zerdrücken. Mit Salz, Pfeffer, 1 Prise Kreuzkümmel und Joghurt verrühren, den Schnittlauch darüberstreuen. Falls nötig, etwas Linsensud dazugeben, damit die Creme nicht zu kompakt ist.

3 Während die Linsen kochen, Kohlrabis und Rübchen schälen, dabei das zarte Kohlrabigrün beiseitelegen. Kohlrabis und Rübchen erst in ca. 1 cm dicke Scheiben, dann in ca. 1 cm breite Streifen schneiden. Lauch putzen, längs aufschneiden, waschen und in dünne Ringe schneiden.

4 Das Öl in einer beschichteten Pfanne erhitzen, die Mandeln darin goldbraun braten. Kohlrabis, Rübchen und Lauch dazugeben und unter Wenden bei mittlerer Hitze ca. 6 Min. braten. Den Ahornsirup darüberträufeln, alles mischen und mit Salz und Pfeffer abschmecken.

5 Das Kohlrabigemüse mit der Linsencreme auf Tellern anrichten. Das Kohlrabigrün waschen, trocken tupfen, fein hacken und darüberstreuen.

Vitamin-Power für jeden Tag: Linsen liefern uns wertvolle Ballaststoffe, ihren säuernden Effekt gleicht das viele Gemüse aus.

SENFÖLE STÄRKEN DAS IMMUNSYSTEM

SPARGEL MIT SPINAT-KÄSE-SAUCE

1 kg geschälter weißer Spargel (s. Tipp)
Salz
1 Zwiebel
1 EL Olivenöl
300 g TK-Rahmspinat
100 g Gorgonzola
Pfeffer
edelsüßes Paprikapulver
20 g Haselnussblättchen

Für 2 Personen
20 Min. Zubereitung

Nährwert pro Portion:

- 470 kcal
- 26 g Eiweiß
- 32 g Fett
- 18 g Kohlenhydrate

1 Den Spargel in einem Topf in wenig Salzwasser zugedeckt bei mittlerer Hitze in 10–15 Min. (je nach Dicke der Stangen) bissfest dünsten.

2 Inzwischen die Zwiebel schälen und fein würfeln. Das Öl in einem kleinen Topf erhitzen und die Zwiebelwürfel darin glasig dünsten. Den Spinat dazugeben und bei schwacher Hitze unter Rühren auftauen lassen.

3 Anschließend die Spinatmischung einmal aufkochen. Gorgonzola hinzufügen und schmelzen lassen. Die Sauce mit Salz, Pfeffer und 1 Prise Paprikapulver abschmecken.

4 Die Haselnüsse in einer kleinen Pfanne ohne Fett rösten, bis sie duften. Herausnehmen und abkühlen lassen.

5 Zum Servieren den Spargel herausnehmen, gut abtropfen lassen und auf Teller verteilen. Mit der Sauce übergießen und mit den Haselnüssen bestreuen.

TIPP:

Wenn Sie keinen geschälten Spargel bekommen, müssen Sie etwas mehr Zeit einplanen. Schneller als weißer Spargel ist grüner Spargel fertig: Den muss man nur im unteren Drittel schälen und als Kochzeit reichen 8–10 Min.

LIEFERT
REICHLICH
FOLSÄURE

ECHTER
VITAMIN-
BOOSTER

KARAMELLMÖHREN

mit Couscous

500 g Bundmöhren (mit Grün)
1 EL Butter
1 EL Rohrohrzucker
Salz | Pfeffer
40 g ungeschwefelte, weiche getrocknete Aprikosen
2 dünne Frühlingszwiebeln
175 ml Gemüsebrühe
100 g Couscous
30 g ungeschwefelte kleine Rosinen
2 Stiele Minze

Für 2 Personen
20 Min. Zubereitung

Nährwert pro Portion:

- 405 kcal
- 10 g Eiweiß
- 7 g Fett
- 75 g Kohlenhydrate

1 Die Möhren putzen und waschen, die Schale eventuell nur leicht abschaben, das Grün bis auf ca. 1 cm entfernen. Dabei 4 Stiele zartes Möhrengrün fein hacken und beiseitestellen, den Rest entfernen.

2 Die Butter in einem breiten Topf zerlassen und die Möhren darin schwenken. Den Rohrzucker darüberstreuen und leicht karamellisieren lassen. Die Möhren mit ca. 100 ml Wasser ablöschen, mit Salz und Pfeffer würzen und zugedeckt bei mittlerer Hitze noch ca. 8 Min. dünsten.

3 Inzwischen die Aprikosen in kleine Würfel oder Streifen schneiden. Die Frühlingszwiebeln putzen, waschen und in dünne Ringe schneiden. Die Brühe in einem kleinen Topf aufkochen, erst den Couscous mit einem Kochlöffel unterrühren, dann die Aprikosen, die Frühlingszwiebeln und die Rosinen hinzufügen. Alles kurz quellen lassen. Währenddessen die Minze waschen, trocken tupfen, die Blätter abzupfen und in feine Streifen schneiden.

4 Zum Servieren den Couscous-Mix mit einer Gabel auflockern und mit Salz und Pfeffer abschmecken. Auf Tellern mit den Möhren anrichten und mit dem beiseitegestellten Möhrengrün und der Minze bestreuen.

TIPP:

Wird Couscous aus Weizen hergestellt, ist er ebenso säurebildend wie zum Beispiel Nudeln oder Bulgur. Es gibt jedoch auch Couscous aus Hirse – der ist wesentlich weniger säurelastig und damit eine gute Alternative.

AUBERGINEN-DÖNER

auf vegetarische Art

150 g Spitzkohl
20 g ungeschwefelte Rosinen
3 EL Weinessig
Salz | Pfeffer
1 kleine Aubergine
2 EL Olivenöl
1 kleine Dose Kidneybohnen (60 g Abtropfgewicht)
20 g Minze
100 g Joghurt (1,5 % Fett)
Pul Biber
2 Fladenbrot-Viertel (à ca. 125 g)
20 g Röstzwiebeln (Fertigprodukt)

Für 2 Personen
20 Min. Zubereitung

Nährwert pro Portion:

- 575 kcal
- 18 g Eiweiß
- 17 g Fett
- 88 g Kohlenhydrate

1 Den Spitzkohl putzen, auf der Gemüsereibe bis auf den Strunk grob raspeln oder in feine Streifen schneiden. Dann in einer Schüssel mit Rosinen, Essig, Salz und Pfeffer gründlich mischen und bis zum Servieren durchziehen lassen.

2 Die Aubergine putzen, waschen, erst in ca. 1 cm dicke Scheiben, dann in ca. 1 cm breite Streifen schneiden. Das Öl in einer beschichteten Pfanne verteilen und erhitzen, die Auberginen darin ca. 5 Min. braten, dabei ab und zu wenden. Die Bohnen in einem Sieb abbrausen und gut abtropfen lassen. Dann zu den Auberginen geben und kurz miterhitzen, mit Salz und Pfeffer würzen.

3 Inzwischen die Minze waschen und trocken tupfen, die Blätter abzupfen und fein hacken. Die Minze mit dem Joghurt gründlich verrühren, mit Salz, Pfeffer und 2 Prisen Pul Biber würzen.

4 Die Fladenbrotviertel mit einem Sägemesser ein-, aber nicht durchschneiden. Zum Servieren mit der Auberginenmischung, dem Spitzkohlsalat und den Röstzwiebeln füllen und mit dem Joghurt beträufeln.

TIPP:
Die übrige Fladenbrothälfte am besten einfrieren und für einen späteren Dönergenuss aufbewahren.

LECKERES
CROSS-OVER

GEMÜSEGERSTE

mit Räuchertofu

150 g Petersilienwurzeln
150 g Pastinaken
2 EL Olivenöl
100 g Gerstengraupen
300 ml Gemüsesaft
(z. B. mit Rote-Bete-Saft)
Salz | Pfeffer
200 g geräucherter Tofu
125 g TK-Erbsen
2 EL gehackte Petersilie
(frisch oder TK)

Für 2 Personen
25 Min. Zubereitung

Nährwert pro Portion:

- 550 kcal
- 29 g Eiweiß
- 21 g Fett
- 62 g Kohlenhydrate

1 Die Petersilienwurzeln und die Pastinaken putzen, schälen und in kleine Würfel schneiden. In einem breiten Topf ca. 1 EL Öl erhitzen, die Gemüsewürfel und die Gerstengraupen darin leicht anbraten. Mit dem Gemüsesaft und 100 ml Wasser ablöschen, mit Salz und Pfeffer würzen. Alles aufkochen und zugedeckt bei schwacher Hitze ca. 10 Min. garen, dabei ab und zu umrühren.

2 Inzwischen den Tofu in ca. 1 cm dicke Streifen schneiden. Das restliche Öl in einer Pfanne erhitzen und die Tofustreifen darin auf jeder Seite scharf anbraten. Mit Salz und Pfeffer würzen und bei mittlerer Hitze noch ca. 5 Min. braten.

3 Die gefrorenen Erbsen zur Gerstenmischung geben und alles noch ca. 5 Min. garen, bis die Gerste bissfest und die Mischung cremig ist. Dabei noch etwas Wasser dazugießen, falls die Mischung zu trocken ist.

4 Zum Servieren die Gemüsegerste nochmals abschmecken und mit den Tofustreifen auf Tellern oder in Schalen anrichten, zuletzt mit der Petersilie bestreuen.

TIPP:

Sollte kein frisches Gemüse verfügbar sein, ist Tiefkühlgemüse eine hervorragende Alternative. Der Säure-Basen-Effekt wird durch das Einfrieren nicht beeinflusst.

Der absolute Basenhit: Säurelastiges Getreide wird hier einfach in Gemüsesaft gegart und so neutral hinsichtlich des Säure-Basen-Effekts.

HÄHNCHEN MIT ZUCCHINI

in Kokoscreme

250 g Hähnchenbrustfilet
1 große Zwiebel
1 Knoblauchzehe
1 frische, rote Chilischote
1 Stück Ingwer (1–2 cm lang)
400 g kleine Zucchini
3 EL Öl
Salz | Pfeffer
1 TL Currypulver
3 EL Tomatenmark
1 kleine Dose Kokosmilch (ca. 165 g)
100 g Mungbohnensprossen
½ Bund Koriandergrün

Für 2 Personen
25 Min. Zubereitung

Nährwert pro Portion:

510 kcal
37 g Eiweiß
33 g Fett
12 g Kohlenhydrate

1 Das Hähnchenbrustfilet waschen, trocken tupfen und schnetzeln. Die Zwiebel und den Knoblauch schälen und fein würfeln. Die Chilischote waschen, längs halbieren, weiße Trennwände und Kerne entfernen, die Hälften in feine Streifen schneiden. Den Ingwer schälen und fein würfeln. Die Zucchini putzen und waschen, erst längs halbieren, dann quer in Scheiben schneiden.

2 In einer Pfanne ca. 1 EL Öl erhitzen und das Fleisch darin 1–2 Min. rundum goldbraun anbraten. Mit Salz, Pfeffer und Currypulver würzen, herausnehmen und beiseitestellen.

3 Das restliche Öl in der Pfanne erhitzen. Zwiebel, Knoblauch, Chili und Ingwer darin ca. 1 Min. unter Rühren anbraten. Die Zucchini dazugeben und 1–2 Min. mit anbraten. Das Tomatenmark hinzufügen und mit anrösten, dann alles mit der Kokosmilch und ca. 125 ml Wasser ablöschen.

4 Die Sprossen in einem Sieb abbrausen und abtropfen lassen, mit dem Hähnchenfleisch zu den Zucchini geben. Alles mit Salz und Pfeffer würzen, nochmals aufkochen und bei mittlerer Hitze ca. 5 Min. unter Rühren köcheln lassen.

5 Zum Servieren das Koriandergrün waschen, trocken tupfen und eventuell hacken. Gut die Hälfte unter die Zucchini-Hähnchen-Pfanne rühren. Alles nochmals abschmecken und mit dem übrigen Koriandergrün bestreuen.

Thailand lässt grüßen: Das eher säurelastige Hähnchenfleisch gewinnt durch viel buntes Gemüse seinen Platz in der Küche zurück!

BASENBILDENDER GENUSS AUS ASIEN

BASISCHES MIT
MEXIKO-
FLAIR

HÄHNCHEN-FAJITAS

1 frische, rote Chilischote
1 EL Olivenöl
2 EL Limettensaft
Salz | Pfeffer
gemahlener Kreuzkümmel
1 Knoblauchzehe
150 g Hähnchenbrustfilet
1 grüne Paprikaschote
1 rote Zwiebel
½ Avocado (ca. 100 g)
4 Tortillas (Weizenfladen; je ca. 50 g)
150 g weiße Bohnenkerne (aus der Dose)

Für 2 Personen
30 Min. Zubereitung
3 Std. Marinieren (nach Belieben)

Nährwert pro Portion:

- 650 kcal
- 33 g Eiweiß
- 20 g Fett
- 83 g Kohlenhydrate

1 Die Chilischote waschen, längs halbieren, weiße Trennwände und Kerne entfernen, die Hälften fein hacken und mit Öl, 1 EL Limettensaft, Salz, Pfeffer und 1 Prise Kreuzkümmel verrühren. Den Knoblauch schälen und dazupressen. Das Hähnchenbrustfilet waschen, trocken tupfen, schnetzeln und in der Marinade wenden.

2 Die Paprikaschote waschen, längs halbieren, weiße Trennwände und Kerne entfernen, die Hälften in dünne Streifen schneiden. Die Zwiebel schälen, halbieren und quer in ca. 5 mm dünne Scheiben schneiden.

3 Das Avocadofruchtfleisch aus der Schale lösen und mit dem übrigen Limettensaft in einer Schüssel mit einer Gabel zerdrücken, mit Salz und Pfeffer abschmecken. Die Tortillas in der Mikrowelle bei ca. 600 Watt (alternativ im Backofen bei 180°) kurz erwärmen.

4 Eine beschichtete Pfanne erhitzen und das marinierte Fleisch darin 1–2 Min. rundum anbraten. Herausnehmen und beiseitestellen. Die Paprika- und die Zwiebelstreifen in die Pfanne geben und bei mittlerer Hitze unter Rühren ca. 3 Min. braten. Die Bohnenkerne in einem Sieb abbrausen, abtropfen lassen und in die Pfanne geben.

5 Das Fleisch wieder dazugeben, alles mischen und aufkochen. Nochmals abschmecken und zum Servieren auf die Tortillas verteilen. Die Avocadocreme dazu servieren (alternativ die Fladen vor dem Füllen damit bestreichen, s. Foto).

HÄHNCHENSTEAKS

mit Couscous

400 g Möhren
150 ml Gemüsebrühe
250 g Hähnchensteaks
1–2 Stiele Minze
1 Knoblauchzehe
2 EL Olivenöl
Salz | Pfeffer
1 TL Kreuzkümmel
100 g Couscous
1 EL Zitronensaft
1–2 TL Harissa
(scharfe Würzpaste)

Für 2 Personen
25 Min. Zubereitung

Nährwert pro Portion:

- 465 kcal
- 37 g Eiweiß
- 13 g Fett
- 48 g Kohlenhydrate

1 Die Möhren schälen und in kleine Würfel schneiden. In einem kleinen Topf mit der Brühe aufkochen und zugedeckt bei mittlerer Hitze in ca. 15 Min. weich dünsten.

2 Inzwischen die Steaks waschen und trocken tupfen. Die Minze waschen, trocken tupfen, die Blätter abzupfen und fein hacken. Den Knoblauch schälen und zerdrücken.

3 Das Öl in einer beschichteten Pfanne erhitzen. Die Steaks darin auf jeder Seite scharf anbraten, mit Salz, Pfeffer und Kreuzkümmel würzen. Dann bei mittlerer Hitze noch ca. 5 Min. braten, dabei ab und zu wenden.

4 Währenddessen den Couscous in einer Schüssel mit der doppelten Menge kochend heißem Wasser (ca. 200 ml) übergießen. Dann leicht salzen, die Minze unterrühren und alles zugedeckt 4–5 Min. quellen lassen.

5 Die Möhren in ein Sieb abgießen und abtropfen lassen, dabei die Brühe auffangen. Die Möhren im Topf mit dem Kartoffelstampfer oder einer Gabel zerdrücken, mit Knoblauch, Salz, Pfeffer, Zitronensaft und Harissa verrühren. Bei Bedarf etwas aufgefangene Möhrenbrühe dazugeben, bis das Püree dickcremig ist.

6 Zum Servieren das Püree abschmecken und mit Couscous und Hähnchensteaks auf Tellern anrichten.

ARABISCH
WÜRZIG

PUTENSPIESSE

mit Zitronen-Kapern-Püree

500 g mehligkochende Kartoffeln
Salz
250 g Putenbrustfilet
300 g kleine Zucchini
3 EL Olivenöl
Pfeffer
1 kleine Bio-Zitrone
2 EL Kapern
2 Zweige Majoran
rosenscharfes Paprikapulver (nach Belieben)
Außerdem:
4 gewässerte Holzspieße

Für 2 Personen
25 Min. Zubereitung

Nährwert pro Portion:

- 400 kcal
- 37 g Eiweiß
- 17 g Fett
- 34 g Kohlenhydrate

1 Die Kartoffeln schälen, grob würfeln und in einem Topf in wenig Salzwasser zugedeckt bei mittlerer Hitze in ca. 15 Min. weich garen.

2 Inzwischen das Putenbrustfilet waschen, trocken tupfen und in ca. 1 cm große Würfel schneiden. Die Zucchini putzen und waschen, erst längs halbieren, dann quer in 1–2 cm dicke Scheiben schneiden. Fleisch und Zucchini abwechselnd auf die Spieße spießen.

3 In einer beschichteten Pfanne 1 EL Öl verteilen und erhitzen. Die Spieße darin auf jeder Seite anbraten, mit Salz und Pfeffer würzen und bei mittlerer Hitze in ca. 10 Min. rundum goldbraun braten.

4 Währenddessen die Zitrone heiß abwaschen und abtrocknen, die Schale fein abreiben und den Saft auspressen. Die Kapern abtropfen lassen. Den Majoran waschen, trocken tupfen, die Blätter abzupfen und fein hacken.

5 Die Kartoffeln abgießen und ausdampfen lassen, dabei etwas Sud auffangen. Die Kartoffeln mit dem Kartoffelstampfer zerdrücken, dabei Zitronensaft und -schale, Kapern und Majoran untermischen. Bei Bedarf etwas aufgefangenen Sud dazugeben, bis das Püree cremig ist. Das Püree mit Salz und Pfeffer abschmecken und nach Belieben mit etwas Paprikapulver bestäuben. Die Spieße auf Tellern anrichten und das Püree dazu reichen.

BASEN-
POWER AUS
ITALIEN

FEINES FÜR
HERBST &
WINTER

ROTE-BETE-GRATIN

mit Schinken-Topping

500 g vorgegarte Rote Beten (vakuumverpackt)
100 ml Orangensaft
4 Stiele Petersilie
4 Zweige Thymian
2 Schalotten
100 g gekochter Schinken
100 g gegarte Maronen (Esskastanien; vakuumverpackt)
Salz | Pfeffer
2 EL Rapsöl
100 g Schmand
etwas geriebener Meerrettich (frisch oder aus dem Glas)

Für 2 Personen
15 Min. Zubereitung
15 Min. Garen

Nährwert pro Portion:

- 585 kcal
- 22 g Eiweiß
- 27 g Fett
- 60 g Kohlenhydrate

1 Den Backofen auf 200° vorheizen. Die Roten Beten abtropfen lassen, dabei den Saft auffangen (s. Tipp). Die Roten Beten in Scheiben schneiden und überlappend in einer Auflaufform (Ø ca. 22 cm) auslegen. Den aufgefangenen Rote-Bete-Saft und den Orangensaft darüberträufeln.

2 Die Petersilie und den Thymian waschen, trocken tupfen, die Blätter abzupfen und fein hacken. Die Schalotten schälen und fein würfeln. Den Schinken und die Maronen in kleine Würfel schneiden.

3 Petersilie, Thymian, Schalotten, Schinken und Maronen mischen, mit Salz und Pfeffer würzen und über die Roten Beten verteilen. Das Gratin mit dem Öl beträufeln und im Ofen (Mitte) ca. 15 Min. gratinieren.

4 Inzwischen den Schmand mit etwas Salz und Pfeffer glatt rühren. Das Gratin aus dem Ofen nehmen und mit Meerrettich bestreut auf Tellern anrichten, den angerührten Schmand dazu servieren.

TIPP:

Beim Verarbeiten von Roten Beten am besten immer Einweghandschuhe anziehen, dann bleiben die Hände sauber. Die Knollen färben nämlich stark ab – egal ob sie bereits vorgegart oder noch roh sind.

KRÄUTERMEDAILLONS

mit Zoodles

400 g kleine Kartoffeln (am besten neue Drillinge)
Salz
3 Zweige Thymian
2 Zweige Rosmarin
4 EL Olivenöl
Pfeffer
6 kleine Schweinemedaillons (à ca. 50 g, ca. 1,5 cm dick)
1 kleine Bio-Zitrone
300 g Zucchini

Für 2 Personen
25 Min. Zubereitung

Nährwert pro Portion:

515 kcal
39 g Eiweiß
24 g Fett
35 g Kohlenhydrate

1 Die Kartoffeln waschen, gründlich abbürsten und nach Belieben schälen, größere Exemplare halbieren. Die Kartoffeln in einem Topf in wenig Salzwasser zugedeckt in ca. 15 Min. gerade weich garen.

2 Inzwischen den Thymian und den Rosmarin waschen und trocken tupfen, die Blätter bzw. die Nadeln abzupfen und etwas kleiner hacken. Die Kräuter mit 2 EL Öl und etwas Pfeffer verrühren und die Medaillons mit dem Würzöl rundum einreiben, damit das Aroma in das Fleisch einziehen kann. Die Zitrone heiß abwaschen, abtrocknen und in Scheiben oder Spalten schneiden.

3 Die Zucchini putzen, waschen und mit dem Spiralschneider in lange dünnen Streifen (Zoodles) schneiden. In einem Topf ca. 1 l Salzwasser aufkochen.

4 Währenddessen eine beschichtete Pfanne erhitzen, die Medaillons aus der Marinade heben und in der Pfanne auf jeder Seite scharf anbraten. Dann noch ca. 3 Min. braten, dabei die Zitronenspalten kurz mit in die Pfanne geben.

5 Gleichzeitig die Zoodles im kochenden Salzwasser ca. 2 Min. garen, dann in ein Sieb abgießen und gut abtropfen lassen. Die Medaillons samt Zitrone auf Teller verteilen und die Zoodles dazulegen.

6 Die Kartoffeln abgießen und kurz ausdampfen lassen, mit dem übrigen Kräuteröl bei starker Hitze einmal durchschwenken, dann zu Fleisch und Zoodles servieren.

Voll im Trend: Nudeln aus Zucchini geschnitten heißen jetzt Zoodels. Da lässt sich locker auf Pasta aus Weizen & Co. verzichten!

LOW CARB
UND AUCH NOCH
BASENBILDEND

ROSENKOHL-BOLOGNESE

mit Püree

400 g mehligkochende Kartoffeln
Salz
1 große Zwiebel
1 große Möhre
300 g Rosenkohl
2 EL Rapsöl
250 g mageres gemischtes Hackfleisch
2 EL Tomatenmark
250 ml Gemüsebrühe
Pfeffer
1–2 TL getrockneter Majoran

Für 2 Personen
25 Min. Zubereitung

Nährwert pro Portion:

515 kcal
35 g Eiweiß
26 g Fett
33 g Kohlenhydrate

1 Die Kartoffeln waschen, schälen und in Würfel schneiden. In einem Topf in wenig Salzwasser aufkochen und zugedeckt bei mittlerer Hitze in 15–20 Min. weich garen.

2 Inzwischen Zwiebel und Möhre schälen und in kleine Würfel schneiden. Den Rosenkohl putzen, waschen und die Röschen halbieren oder vierteln. 1 EL Öl in einem Topf erhitzen, das Hackfleisch darin bei starker Hitze unter Rühren 2–3 Min. krümelig anbraten. Die Zwiebel- und Möhrenwürfel dazugeben und kurz mit anbraten. Tomatenmark hinzufügen und mit anrösten, dann alles mit der Brühe ablöschen.

3 Zuletzt den Rosenkohl dazugeben und alles mit Salz, Pfeffer und Majoran würzen. Die Bolognese nochmals aufkochen und zugedeckt bei mittlerer Hitze ca. 10 Min. köcheln lassen.

4 Währenddessen die Kartoffeln abgießen und kurz ausdampfen lassen, dabei etwas Sud auffangen. Die Kartoffeln durch die Kartoffelpresse drücken oder mit dem Kartoffelstampfer zerdrücken, das restliche Öl untermischen. Bei Bedarf etwas aufgefangenen Sud dazugeben, bis das Püree cremig ist. Zum Servieren das Püree abschmecken und mit der Bolognese auf Tellern anrichten.

Hier kommt eine herzhafte Winterküche, die mit Bolognese, Kartoffeln und Rosenkohl Klassiker aus Italien und Deutschland vereint!

KLASSIKER
BASISCH
ABGEWANDELT

FÜR BESONDERE
ANLÄSSE

RINDERGESCHNETZELTES

mit Römersalat

Für das Geschnetzelte:
300 g Rinderfilet
200 g Süßkartoffeln
2 kleine rote Zwiebeln
2 EL Olivenöl
Salz | Pfeffer
100 ml Rinderbrühe
1 TL gehackte Petersilie (nach Belieben, frisch oder TK)

Für den Salat:
2 kleine Römersalatherzen
60 g kleine braune Champignons
2 EL Aceto balsamico
1 TL mittelscharfer Senf
Salz | Pfeffer
2 EL Olivenöl
2 EL Aprikosensaft (ersatzweise Orangensaft)

Für 2 Personen
20 Min. Zubereitung

Nährwert pro Portion:

415 kcal
36 g Eiweiß
17 g Fett
25 g Kohlenhydrate

1 Für das Geschnetzelte das Fleisch in Streifen schneiden (eventuell vom Metzger vorbereiten lassen). Die Süßkartoffeln schälen und erst in ca. 1 cm dicke Scheiben, dann in schmale Streifen schneiden. Die Zwiebeln schälen und in feine Spalten schneiden.

2 In einer breiten Pfanne 1 TL Öl verteilen und erhitzen, die Filetstreifen darin bei starker Hitze ½–1 Min. anbraten. Mit Salz und Pfeffer würzen und herausnehmen. Das übrige Öl in der Pfanne erhitzen, Süßkartoffeln und Zwiebeln darin bei mittlerer Hitze ca. 5 Min. braten, dabei öfter wenden.

3 Inzwischen für den Salat die Herzen in einzelne Blätter teilen, waschen und trocken schleudern. Die Pilze putzen und bei Bedarf mit einem Tuch abreiben, dann in Scheiben schneiden. Salat und Pilze in Schalen anrichten.

4 Den Essig mit Senf, Salz und Pfeffer verrühren, das Öl gründlich unterschlagen und den Saft unterrühren. Die Vinaigrette über die Salatzutaten träufeln.

5 Das Fleisch zu den Süßkartoffeln in die Pfanne geben und die Brühe dazugießen. Alles erwärmen und abschmecken, nach Belieben mit Petersilie bestreuen und zum Salat servieren.

INVOLTINI

mit Kartoffel-Auberginen-Gemüse

400 g festkochende Kartoffeln
Salz
1 Aubergine
2 dünne Kalbsschnitzel (á ca. 100 g)
Pfeffer
3 Stiele Petersilie
3 Zweige Thymian
4 getrocknete Tomaten (in Öl eingelegt)
15 g gehackte Haselnusskerne
2 EL Olivenöl
3 EL ungeschwefelte Rosinen
Außerdem:
4 kleine Holzspieße

Für 2 Personen
25 Min. Zubereitung

Nährwert pro Portion:

- 450 kcal
- 28 g Eiweiß
- 18 g Fett
- 45 g Kohlenhydrate

1 Die Kartoffeln schälen und ca. 1 cm groß würfeln. Mit wenig Wasser in einen Topf geben, leicht salzen, aufkochen und zugedeckt in ca. 10 Min. bissfest garen.

2 Inzwischen die Aubergine putzen, waschen und ca. 1 cm groß würfeln. Die Kalbsschnitzel halbieren und einzeln zwischen zwei Lagen Frischhaltefolie oder in einem Gefrierbeutel flach klopfen (sie sollen nur wenige Millimeter dick sein). Dann mit etwas Salz und Pfeffer würzen.

3 Die Kräuter waschen, trocken tupfen, die Blätter abzupfen und drei Viertel fein hacken, den Rest beiseitelegen. Die Tomaten abtropfen lassen und in kleine Würfel schneiden, mit den gehackten Kräutern und den Nüssen auf die Schnitzel verteilen, diese aufrollen und mit Holzspießen fixieren.

4 Das Öl in einer breiten beschichteten Pfanne erhitzen. Die Involtini darin rundum scharf anbraten, dann die Hitze reduzieren und die Röllchen an den Rand schieben.

5 Die Kartoffeln abgießen und kurz ausdampfen lassen, mit den Auberginen in die Pfanne geben und alles bei mittlerer Hitze ca. 8 Min. braten, dabei zwischendurch wenden. Zuletzt die Rosinen untermischen und alles mit Salz und Pfeffer abschmecken.

6 Zum Servieren das Gemüse mit den Involtini auf Tellern anrichten und mit den beiseitegelegten Kräutern garnieren.

FEINE KÜCHE
AUS ITALIEN

ZWIEBEL-LAMM-TOPF

mit Datteln

200 g Lammrücken (Lammlachse)
2 Zwiebeln
250 g Süßkartoffeln
60 g getrocknete Datteln
3 Zweige Oregano
3 Stiele Minze
2 EL Olivenöl
2 EL Tomatenmark
400 ml Gemüsebrühe
Salz | Pfeffer
1 Zimtstange
50 g Langkornreis (parboiled)

Für 2 Personen
25 Min. Zubereitung

Nährwert pro Portion:

- 520 kcal
- 26 g Eiweiß
- 15 g Fett
- 68 g Kohlenhydrate

1 Das Lammfleisch in ca. 2 cm große Würfel schneiden. Die Zwiebeln schälen und erst halbieren, dann quer in dünne Halbringe schneiden. Die Süßkartoffeln schälen und ebenfalls in ca. 2 cm große Würfel schneiden. Die Datteln nach Belieben halbieren und entsteinen. Den Oregano und die Minze waschen und trocken tupfen, die Blätter abzupfen und etwas kleiner hacken.

2 In einem Topf 1 EL Öl erhitzen, das Fleisch darin rundum anbraten, wieder herausnehmen und beiseitestellen. Das restliche Öl im Topf erhitzen und die Zwiebeln darin goldgelb anbraten. Das Tomatenmark dazugeben und mit anrösten. Alles mit der Brühe ablöschen, mit Salz und Pfeffer würzen und die Zimtstange dazugeben, dann aufkochen. Den Reis unterrühren und zugedeckt bei mittlerer Hitze ca. 5 Min. garen.

3 Dann die Süßkartoffeln, die Datteln und drei Viertel der Kräuter unterrühren, das Fleisch dazugeben und alles zugedeckt bei mittlerer Hitze ca. 10 Min. garen, bis die Süßkartoffeln bissfest sind. (Achtung: Nicht zu lange garen, sonst zerfallen die Süßkartoffeln!)

4 Zum Servieren die Zimtstange entfernen, den Eintopf mit Salz und Pfeffer abschmecken und mit den restlichen Kräutern bestreuen.

ARABISCH
KLASSISCH

LIEFERT REICHLICH
VITAMIN A

LAMMFILETS

mit Fenchel-Oliven-Gemüse

1 Zweig Rosmarin
2 EL Olivenöl
Pfeffer
1 Knoblauchzehe
4 Lammfilets (ca. 250 g)
1 große Fenchelknolle (ca. 350 g)
125 ml Gemüsebrühe
200 ml Tomatensaft
Salz
100 g kurze Makkaroni (oder andere kurze Nudeln)
40 g schwarze Oliven (entsteint)
30 g ungeschwefelte Rosinen

Für 2 Personen
25 Min. Zubereitung

Nährwert pro Portion:

670 kcal
33 g Eiweiß
35 g Fett
55 g Kohlenhydrate

1 Den Rosmarin waschen und trocken tupfen, die Nadeln abzupfen und fein hacken. In einer Schüssel den Rosmarin mit Öl verrühren und mit Pfeffer würzen. Knoblauch schälen und dazupressen. Die Filets im Würzöl gründlich wenden. Den Fenchel putzen, waschen und den harten Strunk entfernen. Den Fenchel in feine Streifen schneiden, in einem Topf mit der Brühe bei starker Hitze aufkochen und zugedeckt bei mittlerer Hitze ca. 10 Min. dünsten.

2 Gleichzeitig den Tomatensaft und ca. 60 ml Wasser in einem kleinen Topf aufkochen, salzen. Nudeln hinzufügen, gut mit dem Sud verrühren und darin bei mittlerer bis starker Hitze nach Packungsanweisung bissfest garen. Dabei erst ab und zu, gegen Ende der Garzeit öfters umrühren und mit dem Kochlöffel über den Topfboden fahren, damit nichts ansetzt. Gegen Ende der Garzeit esslöffelweise etwas Wasser dazugeben, falls die Mischung zu trocken wird.

3 Währenddessen eine beschichtete Pfanne erhitzen, die Filets darin rundum scharf anbraten. Salzen und bei mittlerer Hitze in ca. 5 Min. rosa braten. Oliven nach Belieben halbieren, mit den Rosinen unter den Fenchel mischen. Die Nudeln abschmecken, mit Gemüse und Filets anrichten.

TIPP:

Statt mit Lamm schmecken Nudeln und Fenchel auch mit der gleichen Menge Hähnchenbrustfilet. Dieses einfach in dicke Streifen schneiden oder grob würfeln. Die Nudeln garen hier in basischem Tomatensaft und verlieren so fast völlig ihre Säurewirkung.

KABELJAU

mit Mango-Paprika-Salsa

400 g festkochende Kartoffeln
Salz
1 rote Zwiebel
4 Stiele Petersilie
4 Zweige Majoran
1 kleine reife Mango
1 grüne Paprikaschote
3 EL Apfelessig
Pfeffer
1 EL rosa Pfefferkörner
2 Kabeljaufilets (á ca. 150 g)
3 EL Rapsöl

Für 2 Personen
30 Min. Zubereitung

Nährwert pro Portion:

445 kcal
31 g Eiweiß
16 g Fett
43 g Kohlenhydrate

1 Die Kartoffeln schälen, in kleine Würfel schneiden und in einem Topf in wenig Salzwasser aufkochen. Zugedeckt bei mittlerer Hitze in ca. 15 Min. weich garen.

2 Inzwischen die Zwiebel schälen und in sehr feine Würfel schneiden. Die Petersilie und den Majoran waschen und trocken tupfen, die Blätter abzupfen und fein hacken. Die Mango schälen, das Fruchtfleisch erst vom Stein und dann in kleine Würfel schneiden. Die Paprikaschote waschen, längs halbieren, weiße Trennwände und Kerne entfernen, die Hälften ebenfalls in kleine Würfel schneiden. Alles in einer Schüssel mischen und die Salsa mit Essig, Salz und Pfeffer abschmecken.

3 Die rosa Pfefferkörner im Mörser zerdrücken oder fein hacken. Die Kabeljaufilets waschen und trocken tupfen, mit Salz und Pfeffer würzen. Das Öl in einer beschichteten Pfanne leicht erhitzen, die Fischfilets darin auf jeder Seite 3–5 Min. (je nach Dicke der Filets) braten. Nach der Hälfte der Bratzeit die rosa Pfefferkörner über den Fisch streuen.

4 Zum Servieren die Kartoffeln abgießen und kurz ausdampfen lassen, mit Fisch und Salsa auf Tellern anrichten.

TIPP:

Ebenso wie Fleisch ist auch Fisch deutlich säurebildend – das heißt aber nicht, dass Sie auf Fisch verzichten müssen. Vor allem fettreiche Seefische liefern wertvolle Omega-3-Fettsäuren. Am besten immer die Säure durch Basen aus Gemüse oder Salat ausgleichen.

LEICHT &
VITAMIN-
REICH

JAKOBSMUSCHELN

mit Brokkoli-Mash

750 g Brokkoli (ca. 500 g geputzt gewogen)
Salz
360 g ausgelöste Jakobsmuscheln (10–12 Stück)
4 kleine rote Zwiebeln
1 Knoblauchzehe
4 Zweige Thymian
3 EL Olivenöl
75 g Schmand
Pfeffer
frisch geriebene Muskatnuss

Für 2 Personen
25 Min. Zubereitung

Nährwert pro Portion:

- 465 kcal
- 22 g Eiweiß
- 33 g Fett
- 21 g Kohlenhydrate

1 Den Brokkoli putzen, waschen und in Röschen zerteilen. In einem Topf in wenig Salzwasser oder in einem Einsatz über kochendem Salzwasser zugedeckt bei mittlerer Hitze ca. 10 Min. dünsten oder dämpfen.

2 Inzwischen die Muscheln waschen und trocken tupfen. Die Zwiebeln schälen und in feine Spalten schneiden. Den Knoblauch schälen und in feine Stifte schneiden. Den Thymian waschen, trocken tupfen und die Blätter abzupfen.

3 Das Öl in einer beschichteten Pfanne erhitzen. Die Jakobsmuscheln darin auf jeder Seite goldbraun anbraten. Zwiebeln und Knoblauch mit anbraten, dann die Hitze reduzieren. Die Jakobsmuscheln salzen und pfeffern, mit Thymian würzen und je nach Dicke noch 4–5 Min. garen. (Achtung: Die Muscheln nicht zu lange braten, sonst werden sie trocken!)

4 Den Brokkoli eventuell in ein Sieb abgießen und abtropfen lassen, dann mit dem Kartoffelstampfer oder einer Gabel zerdrücken, dabei den Schmand untermischen. Den Brokkoli-Mash mit Salz, Pfeffer und Muskat abschmecken und mit den Jakobsmuscheln auf Tellern anrichten.

TIPP:

Meeresfrüchte wie Muscheln, Garnelen oder Tintenfisch gehören zu den Säurelieferanten. Wie bei Fisch und Fleisch sollten Sie auch bei ihnen auf einen Ausgleich mit ausreichend Basen aus Kartoffeln, Gemüse und Salat achten.

FÜR FEIN-
SCHMECKER

STÄRKT
DAS IMMUN-
SYSTEM

FISCHPFANNE

mit Kartoffeln und Wirsing

300 g festkochende Kartoffeln
Salz
60 g ungeschwefelte getrocknete Aprikosen
15 g getrocknete gemischte Pilze (z. B. Butter-, Steinpilze, Champignons)
250 g gemischte Fischfilets (z. B. Lachs und Rotbarsch)
2 EL Zitronensaft
Pfeffer
1 kleiner Wirsing (ca. 500 g)
2 EL Rapsöl

Für 2 Personen
25 Min. Zubereitung

Nährwert pro Portion:

- 450 kcal
- 30 g Eiweiß
- 19 g Fett
- 38 g Kohlenhydrate

1 Die Kartoffeln schälen und in dünne Spalten schneiden. In einem Topf in wenig Salzwasser aufkochen, zugedeckt bei mittlerer Hitze in ca. 15 Min. weich garen.

2 Inzwischen die Aprikosen in Streifen schneiden, mit den getrockneten Pilzen in einer Schüssel ca. 1 cm hoch mit heißem Wasser bedecken, einige Minuten quellen lassen.

3 Währenddessen die Fischfilets waschen und trocken tupfen, mundgerecht würfeln, mit Zitronensaft, Salz und Pfeffer würzen. Den Wirsing putzen und waschen, dann bis auf den Strunk in schmale Streifen schneiden.

4 Das Öl in einer breiten tiefen Pfanne oder im Wok erhitzen. Vom Wirsing einen Teil der dunkelgrünen Streifen beiseitelegen, den Rest in der Pfanne unter Rühren ca. 5 Min. anbraten, mit Salz und Pfeffer würzen. Die Aprikosen und die Pilze samt Einweichwasser hinzufügen und alles noch ca. 3 Min. unter Rühren garen.

5 Die Fischstücke und die beiseitegelegten grünen Wirsingstreifen in die Pfanne geben und vorsichtig untermischen. Alles bei schwacher Hitze noch 4–5 Min. köcheln lassen. Inzwischen die Kartoffeln abgießen, kurz ausdampfen lassen und dann mit der Fischpfanne auf Tellern anrichten.

GARNELEN

mit Spinatreis und Tomaten

125 g Langkornreis (parboiled)
Salz
1 Zwiebel
1 Knoblauchzehe
3 EL Olivenöl
400 g TK-Blattspinat
Pfeffer
1 frische, rote Chilischote
125 g kleine Kirschtomaten
1 EL Pinienkerne
200 g geschälte, gegarte Garnelen (küchenfertig)

Für 2 Personen
20 Min. Zubereitung

Nährwert pro Portion:

- 525 kcal
- 32 g Eiweiß
- 20 g Fett
- 55 g Kohlenhydrate

1 Den Reis in einem Topf in der doppelten Menge Wasser (ca. 250 ml) aufkochen, leicht salzen und dann zugedeckt bei mittlerer Hitze in ca. 15 Min. bissfest garen.

2 Inzwischen die Zwiebel schälen und in feine Würfel schneiden. Den Knoblauch schälen und zerdrücken. 1 EL Öl in einem Topf erhitzen, die Zwiebel und den Knoblauch darin glasig andünsten. Den tiefgekühlten Spinat dazugeben, mit Salz und Pfeffer würzen und zugedeckt bei schwacher Hitze unter Rühren auftauen lassen.

3 Die Chili waschen, längs halbieren, weiße Trennwände und Kerne entfernen, die Hälften in feine Streifen schneiden. Die Tomaten waschen und halbieren oder vierteln.

4 Die Pinienkerne in einer kleinen Pfanne ohne Fett rösten, herausnehmen und abkühlen lassen. Das restliche Öl in der Pfanne erhitzen, die Chilistreifen und die Garnelen darin ca. 1 Min. scharf anbraten. Die Tomaten dazugeben, alles mit Salz und Pfeffer würzen und bei mittlerer Hitze noch ca. 3 Min. braten.

5 Den Reis bei Bedarf in ein Sieb abgießen und abtropfen lassen, dann zum Spinat geben. Alles einmal aufkochen und abschmecken. Zum Servieren den Spinatreis mit den Garnelen und den Tomaten auf Tellern anrichten, die Pinienkerne darüberstreuen.

Schnelles für den sommerlichen Feierabend: Parboiled Reis, Tiefkühl-Spinat und gegarte Garnelen stehen ruck, zuck auf dem Tisch!

MEDITERRANE BASEN-KÜCHE

ORANGEN-JOGHURT-GELEE

1 kleine Bio-Orange
125 ml Milch (1,5 % Fett)
½ Pck. Agar-Agar (ca. 5 g)
1 EL Apfeldicksaft
100 g Joghurt (1,5 % Fett)
10 g Zartbitterschokolade

Für 2 Personen
20 Min. Zubereitung
30 Min. Gelieren

Nährwert pro Portion:

- 130 kcal
- 6 g Eiweiß
- 4 g Fett
- 16 g Kohlenhydrate

1 Die Orange heiß abwaschen und abtrocknen, etwas Schale abreiben. Dann die Orange so großzügig schälen, dass auch die weiße Haut mit entfernt wird. Die Filets zwischen den einzelnen Trennhäuten herausschneiden, dabei abtropfenden Saft auffangen. 4 Orangenfilets zum Garnieren beiseitelegen, den Rest klein würfeln.

2 In einem kleinen Topf die Milch mit dem Agar-Agar verquirlen, unter Rühren aufkochen und ca. 1 Min. köcheln lassen. Den Topf vom Herd nehmen, den Apfeldicksaft, den aufgefangenen Orangensaft und die Orangenschale unterrühren. Dann den Joghurt und zuletzt die Orangenwürfel unter die Masse mischen.

3 Die Mischung auf Schalen verteilen und im Kühlschrank mindestens 30 Min. fest werden lassen. Zum Servieren die Zartbitterschokolade grob raspeln und mit den beiseitegestellten Orangenfilets auf das Joghurtgelee geben.

TIPP:

Gelatine enthält reichlich tierische Proteine und ist stark säurebildend. Eine prima Alternative: Agar-Agar – er wird aus Algen gewonnen, ist also rein pflanzlich. Er geliert ähnlich wie Gelatine und ist stark basenbildend.

Dieses Joghurtgelee kommt so leicht daher, dass man es fast jeden Tag genießen könnte. Variieren Sie die Früchte nach Belieben!

FRUCHTIG, FRISCH UND BASENBILDEND

PFLAUMEN-CRUMBLE

mit Mandeln

40 g gemahlene Mandeln | 40 g Hirsemehl | 40 g Mehl | 1 EL Kokosblütenzucker | 40 g kalte Butter | ½ TL Zimtpulver | 1 kleine Bio-Zitrone | 600 g Pflaumen | 2 EL Mandelblättchen | Fett für die Form
Für 6 Personen | 15 Min. Zubereitung | 30 Min. Backen

1 Den Backofen auf 180° vorheizen. Eine Auflaufform (ca. 20 × 24 cm) einfetten.

2 Aus den gemahlenen Mandeln, Hirsemehl, Mehl, Kokosblütenzucker, gewürfelter Butter und dem Zimtpulver dicke Streusel kneten. Die Zitrone heiß abwaschen und abtrocknen, die Schale abreiben und den Saft auspressen. Die Pflaumen waschen und vierteln, dabei die Steine entfernen.

3 Die Pflaumen mit dem Zitronensaft und der Zitronenschale mischen und in der vorbereiteten Form verteilen. Die Streusel und die Mandelblättchen darüberstreuen.

4 Den Crumble im Ofen (Mitte) ca. 30 Min. backen. Aus dem Ofen nehmen und warm oder abgekühlt servieren.

Nährwert pro Portion:

215 kcal	12 g Fett
4 g Eiweiß	22 g Kohlenhydrate

SÜSSE HIRSE

mit Trockenfrüchten

100 g Hirse | 400 ml Milch (1,5 % Fett) | 1 EL Rohrohrzucker | 1/4 TL gemahlene Vanille | 50 g ungeschwefelte getrocknete Beerenmischung (z. B. Cranberrys und Kirschen) | 1 EL gehackte Pistazienkerne
Für 2 Personen | 20 Min. Zubereitung

1 In einem kleinen Topf die Hirse und die Milch aufkochen, mit Zucker und Vanille süßen. Dann zugedeckt bei mittlerer Hitze unter Rühren ca. 15 Min. köcheln lassen.

2 Inzwischen die getrockneten Beeren in einem Sieb heiß abbrausen und gut abtropfen lassen. Zum Servieren die gegarte Hirse nochmals durchrühren und auf Schalen verteilen, die getrockneten Beeren und die Pistazienkerne darüberstreuen.

TIPP:

Statt Milchreis kommt hier in Milch gegarte Hirse als Süßspeise auf den Tisch. Hirse ist weniger säurelastig als Reis, zudem sorgen die stark basischen Trockenfrüchte für einen Ausgleich in der Bilanz. Statt der getrockneten können Sie auch frische oder TK-Früchte nehmen, wie zum Beispiel Heidelbeeren oder eine Beerenmischung.

Nährwert pro Portion:

400 kcal | 8 g Fett
13 g Eiweiß | 69 g Kohlenhydrate

HONIGBIRNEN

mit Kirschen und Pinienkernen

Saft von 1 Zitrone
1 EL flüssiger Honig
125 ml Kirschsaft
2 kleine Birnen
50 g ungeschwefelte getrocknete Kirschen
2 EL Pinienkerne

Für 2 Personen
10 Min. Zubereitung

Nährwert pro Portion:

- 235 kcal
- 3 g Eiweiß
- 6 g Fett
- 41 g Kohlenhydrate

1 In einem kleinen hohen Topf den Zitronensaft mit dem Honig und dem Kirschsaft einmal aufkochen. Die Birnen schälen und vierteln, das Kerngehäuse entfernen. Die Viertel im Honigsud einmal aufkochen, dann zugedeckt bei schwacher Hitze ca. 5 Min. dünsten.

2 Inzwischen die getrockneten Kirschen in einem Sieb heiß abbrausen und abtropfen lassen. Die Pinienkerne in einer kleinen Pfanne ohne Fett rösten, herausnehmen und kurz abkühlen lassen.

3 Die Birnen aus dem Sud heben und gut abtropfen lassen, auf tiefe Teller setzen. Den Sud bei starker Hitze etwas einkochen lassen, dann die Kirschen unterrühren und kurz mit erhitzen. Die Kirschen samt Sud über die Birnen verteilen, zuletzt die Pinienkerne darüberstreuen.

TIPP:

Trockenobst muss nicht immer nur aus Dörrpflaumen oder Rosinen bestehen. Inzwischen gibt es alle möglichen Obstsorten in getrockneter Form wie Kirschen oder Heidelbeeren – und die sind echte Basen-Booster! Allerdings sollten Sie darauf achten, dass das Trockenobst nach Möglichkeit ungeschwefelt ist. Ansonsten empfiehlt es sich, Geschwefeltes immer heiß abzuwaschen.

Falls der spontane Süßhunger anklopft: Dieses fruchtige Dessert ist blitzschnell zubereitet und perfekt für große und kleine Schlemmer.

KOKOS-ENERGIE-KUGELN

80 g Cashewkerne | 40 g Kokosraspel | 1 kleine Bio-Orange (nur die Schale) | 20 g gepuffte Quinoa oder Amarant | 250 g getrocknete Datteln (Soft-Datteln; entsteint)

Für 25 Stück | 20 Min. Zubereitung

1 Die Cashewkerne im Mixer fein hacken. Mit den Kokosraspeln in einer Pfanne ohne Fett rösten, herausnehmen und abkühlen lassen. Ca. 4 EL Nuss-Mix zum Wälzen auf einem Teller beiseitestellen.

2 Die Orange heiß abwaschen und abtrocknen, die Schale abreiben. Orangenschale und Quinoa mit dem Nuss-Mix in eine Schüssel geben. Die Datteln in einem hohen Rührbecher mit dem Pürierstab fein pürieren. Den Nuss-Mix gründlich untermischen.

3 Aus der Masse mit angefeuchteten Händen ca. 25 kleine Kugeln (etwa in der Größe dicker Kirschen) formen und im beiseitegestellten Nuss-Mix rundum wälzen. Die Kugeln luftdicht verschlossen im Kühlschrank aufbewahren und innerhalb von 2–3 Wochen verzehren.

TIPP:

Quinoa und Amarant sind keine Getreide, sondern sogenannte Pseudogetreide. Sie sind aber basischer als Getreide und können stattdessen verwendet werden.

Nährwerte pro Stück

60 kcal	2 g Fett
1 g Eiweiß	8 g Kohlenhydrate

MÖHREN-NUSS-KUCHEN

1 große Möhre (ca. 200 g) | 2 Eier (M) | 60 g Kokosblütenzucker | ½ TL Zimtpulver | 75 g gemahlene Haselnusskerne | 1 TL Backpulver | 75 g Dinkelmehl (Type 630) | Fett für die Form

Für 1 Springform (Ø ca. 22 cm; 8 Stücke) | 20 Min. Zubereitung | 35 Min. Backen

1 Den Backofen auf 175° vorheizen. Die Springform gründlich einfetten. Die Möhre schälen und auf der Gemüsereibe fein raspeln. Die Eier trennen und die Eiweiße in einem hohen Rührbecher mit den Rührbesen des Handrührgeräts zu steifem Schnee schlagen.

2 Die Eigelbe mit Zucker und 3 EL warmem Wasser in einer Rührschüssel hellcremig aufschlagen, die Möhren untermischen.

3 Das Zimtpulver mit den Haselnüssen, dem Backpulver und dem Mehl mischen, abwechselnd mit dem Eischnee unter die Möhrenmischung heben. Den Teig sofort in die vorbereitete Form füllen.

4 Den Kuchen im Ofen (Mitte) ca. 35 Min. backen. Aus dem Ofen nehmen und auf einem Kuchengitter abkühlen lassen. Zum Servieren den Kuchen aus der Form lösen und in Stücke schneiden.

Nährwerte pro Stück

155 kcal	8 g Fett
4 g Eiweiß	16 g Kohlenhydrate

APFELWAFFELN

mit Zimtjoghurt

60 g Dinkelmehl (Type 630) | 60 g gemahlene Mandeln | 20 g Sojamehl | 1/4 TL gemahlene Vanille | 1 TL Weinsteinbackpulver | 200 ml Sojacreme (Soja-Cuisine) | 2 EL Rapsöl | 3 EL Apfeldicksaft | 2 säuerliche Äpfel | 250 g Joghurt (1,5 % Fett) | 1 TL Zimtpulver | Öl fürs Waffeleisen

Für 4 Personen | 25 Min. Zubereitung

1 Das Mehl mit Mandeln, Sojamehl, Vanille und Backpulver mischen. Die Sojacreme, das Öl und 2 EL Apfeldicksaft dazugeben, alles mit einem Schneebesen zu einem glatten Teig verrühren.

2 Die Äpfel schälen, bis auf das Kerngehäuse auf der Gemüsereibe grob raspeln und sofort unter den Teig rühren.

3 Ein Waffeleisen vorheizen, die Backflächen einfetten. Ein Viertel des Teigs in die Mitte der unteren Backfläche geben, das Waffeleisen schließen. Die Waffel auf mittlerer Stufe in ca. 2,5 Min. goldgelb backen. Auf ein Kuchengitter legen und weiter so verfahren, bis der Teig ganz verbraucht ist.

4 Inzwischen den Joghurt mit übrigem Apfeldicksaft und dem Zimt verrühren. Die Waffeln mit dem Zimtjoghurt servieren.

Nährwert pro Portion:

390 kcal | 25 g Fett
11 g Eiweiß | 29 g Kohlenhydrate

MOHNCREME

mit Kiwi-Trauben-Salat

2 EL Mohnsamen | 50 ml Milch (1,5 % Fett) | 1 EL Instant-Haferflocken | 3 Kiwis | 100 g grüne Weintrauben | 2 EL Limettensaft | 100 g stichfester Joghurt (1,5 % Fett) | 1 TL Kokosblütenzucker | gemahlene Vanille
Für 2 Personen | 20 Min. Zubereitung

1 Den Mohn mit der Milch in einem kleinen Topf verrühren und ca. 30 Sek. kochen lassen. Vom Herd nehmen und die Haferflocken unterrühren, dann alles in eine Schale umfüllen und darin etwas abkühlen lassen.

2 Inzwischen die Kiwis schälen und in Scheiben oder Würfel schneiden. Trauben waschen, von den Stielen zupfen, halbieren und nach Belieben entkernen. Die Kiwis mit Trauben und Limettensaft mischen.

3 Den Joghurt unter die abgekühlte Mohn-Haferflocken-Masse rühren, mit Kokosblütenzucker und 1 Prise Vanille verfeinern. Die Creme auf Schalen verteilen und mit dem Kiwi-Trauben-Salat anrichten.

Nährwert pro Portion:

175 kcal | 5 g Fett
6 g Eiweiß | 24 g Kohlenhydrate

SACHREGISTER

REZEPTREGISTER

Damit Sie Rezepte mit bestimmten Zutaten noch schneller finden, sind in diesem Register auch beliebte Zutaten wie Apfel oder Mango alphabetisch eingeordnet und hervorgehoben. Darunter finden Sie das Rezept Ihrer Wahl.

APPETIT AUF MEHR?

ISBN 978-3-8338-4428-7

ISBN 978-3-8338-6456-8

ISBN 978-3-8338-5295-4

Laden im App Store

ANDROID APP BEI Google play

ISBN 978-3-8338-6148-2

ISBN 978-3-8338-6437-7

Alle hier vorgestellten Bücher sind auch als eBook erhältlich.

G|U

Mehr von GU auf **www.gu.de** und **facebook.com/gu.verlag**

5. Auflage 2025
ISBN 978-3-8338-6872-6

Projektleitung: Elke Sieferer
Lektorat: Kathrin Gritschneder
Korrektorat: Adriane Andreas
Innen- und Umschlaggestaltung: independent Medien-Design, Horst Moser, München
Herstellung: Renate Hutt
Satz: Longo AG, Bozen
Reproduktion: Longo AG, Bozen
Druck und Bindung: Firmengruppe APPL, aprinta druck, Wemding
Printed in Germany

Syndication:
www.imageprofessionals.comy

Die Fotografin

Coco Lang fotografiert Food und Stills in ihrem Werkstattstudio direkt am Münchner Viktualienmarkt. Zusammen mit Alissa Poller (Foodstyling) und Felicitas von Hagmann (Fotoassistenz) hat sie die basenbetonten Rezepte gekonnt in Szene gesetzt.

Die Illustratorin

und Infografikerin Ela Strickert aus Hamburg verwandelt komplexe Inhalte in anschauliche Grafiken. Mit Liebe zum Detail hat sie die Erklärungen und Tipps rund um das Thema Low Carb bildlich umgesetzt.

Bildnachweis

Alle Fotos: Coco Lang, München; außer Titelbild: Stocksy; Autorenfotos: privat; Bilder auf S. 8 und S. 16: Shutterstock; alle Grafiken: Ela Strickert, Hamburg

Titelrezept

Quinoa-Bowl mit pochiertem Ei (S. 80)

Umwelthinweis:
Dieses Buch ist auf PEFC-zertifiziertem Papier aus nachhaltiger Waldwirtschaft gedruckt.

QUALITÄTS G|U GARANTIE

LIEBE LESERINNEN UND LESER,
wir wollen Ihnen mit diesem Buch Informationen und Anregungen geben, um Ihnen das Leben zu erleichtern oder Sie zu inspirieren, Neues auszuprobieren. Wir achten bei der Erstellung unserer Bücher auf Aktualität und stellen höchste Ansprüche an Inhalt und Gestaltung. Alle Anleitungen und Rezepte werden von unseren Autoren, jeweils Experten auf ihren Gebieten, gewissenhaft erstellt und von unseren Redakteur*innen mit größter Sorgfalt ausgewählt und geprüft.

Haben wir Ihre Erwartungen erfüllt? Sind Sie mit diesem Buch und seinen Inhalten zufrieden? Wir freuen uns auf Ihre Rückmeldung. Und wir freuen uns, wenn Sie diesen Titel weiterempfehlen, in Ihrem Freundeskreis oder bei Ihrem Online-Kauf.

Sollten wir Ihre Erwartungen so gar nicht erfüllt haben, tauschen wir Ihnen Ihr Buch jederzeit gegen ein gleichwertiges zum gleichen oder ähnlichen Thema um.

KONTAKT ZUM LESERSERVICE
GRÄFE UND UNZER VERLAG
Grillparzerstraße 8
81675 München
www.gu.de

Backofenhinweis:
Die Backzeiten können je nach Herd variieren. Die Temperaturangaben in unseren Rezepten beziehen sich auf das Backen im Elektroherd mit Ober- und Unterhitze und können bei Gasherden oder Backen mit Umluft abweichen. Details entnehmen Sie bitte Ihrer Gebrauchsanweisung.